세상을 바꾸는 미래교회

〈좋은씨앗〉은 하나님의 말씀입니다.
이 말씀이 좋은 마음밭에 떨어져 하나님의 나라가 확장되고, 예수 그리스도를 본받아 그 향기를 품은 성령의 사람들이 세상에 넘쳐나길 기대합니다. 그래서 백 배, 육십 배, 삼십 배의 결실을 맺기를 소망합니다.
〈좋은씨앗〉은 이와 같은 소망과 기대를 품고 출판 사역으로 하나님께 쓰임 받기를 기도합니다.

세상을 바꾸는 미래교회

지은이 ┃ 이성희

초판 1쇄 발행 ┃ 2007년 3월 26일
초판 2쇄 발행 ┃ 2007년 12월 13일

펴낸이 ┃ 신은철
펴낸곳 ┃ 도서출판 좋은씨앗
　　　　1999.12.21 등록 / 제4-385호
　　　　137-130　서울시 서초구 양재동 2-30번지, 덕성빌딩 4층
전화 ┃ 02) 2057-3043 (편집부) / 02) 2057-3041 (영업부)
팩스 ┃ 02) 2057-3042
홈페이지 ┃ www.gsbooks.org
이메일 ┃ sec0117@empal.com

ⓒ 이성희, 2007

ISBN　978-89-5874-079-7
값 8,000원
Printed in Korea

세상을 바꾸는 미래교회

이성희 지음

좋은씨앗

광야에서 찾은 미래교회 패러다임

차례

서론 : 미래교회는 광야교회다   8

1부 | 두 세계를 **함께** 사는 교회
1. 하늘과 땅의 균형잡기   15
2. 하나님이 약속하신 형통   21
3. "고난당한 것이 내게 유익이라"   25
4. 하나님을 보는 사람들   31
5. 홍해, 임전무퇴!   38

2부 | 예배의 **감격**이 있는 교회
1. 광야에서 만나주신 하나님   45
2. 거룩한 제사를 드리는 백성   51
3. 역동적이며 동시에 경건한 예배   55
4. 미래교회의 화두는 예배이다   63

3부 | 세상에 **양식**을 공급하는 교회
1. 먹는 문제를 통한 시험   75
2. 새벽에 주시는 은혜   79
3. 만나의 기적을 경험하라   85
4. 미래교회는 양식 문제를 해결해야 한다   92

4부 | 공동체가 행복한 교회

1. 갈등 공동체 이스라엘   103
2. 사람을 세우는 리더십   107
3. 아름다운 동역   114
4. 리더십이 살아야 교회가 산다   126

5부 | 하나님의 법에 순종하는 교회

1. 구원의 처음과 끝, 은혜   137
2. 은혜의 도구, 율법   142
3. 믿음/지식/행동의 삼위일체   147
4. 미래교회는 말씀으로 문화를 변혁하는 곳이다   150

6부 | 장막에 거하며 천국을 꿈꾸는 교회

1. 성막의 신비   157
2. 이스라엘의 삶의 중심인 성막   164
3. 교회의 영광을 회복하라   171
4. 미래사회의 중심은 교회   186

| 서론 |

미래교회는 광야교회다

　광야는 교회의 그림자이다. 스데반이 순교 직전의 설교에서 '광야교회'(행7:38)라고 지칭한 것은 참으로 경이로운 표현이다. 이스라엘 백성들에게 40년 동안의 광야의 삶은 가나안에 들어가기 위한 훈련기간이었다. 며칠이면 갈 수 있는 애굽에서 가나안까지의 길을 40년을 헤매며 가게 된 것도 훈련이 필요했기 때문이었다.
　이러한 하나님의 방침은 현재와 앞으로의 교회에서 살아갈 우리들에게도 적용된다. 교회는 구원받은 하나님의 사람들이 천국에 합당한 사람으로 훈련받는 곳이다.
　기독교 역사를 살펴보면 모던 시대와 포스트모던 시대의 패러다임은 완전히 다른 반면 고대와 포스트모던 시대의 패러다임은 서로 일치하는 것을 알 수 있다(11페이지를 참조하라). 이런 일치는 미래교회의 패러다임을 예측하고 설정하는 데 결정적인 도움을 준다. 고대교회의 모습은 시대를 거쳐 변하다가 다시 고대교회로 돌아가는 양상을 보인다. 고대와 미래의 역사는 동일하신 하나님이 이끌어 가시기에 조화를 이루는 것이다.

기독교 예배에 있어서도 중세에서 모던 시대까지는 사람 중심의 예배였으나 포스트모던 시대는 다시 고대로 돌아가 하나님 중심으로 회귀한다. 기독교의 근간을 이루는 영성도 시대에 따라 그 패러다임이 변화해 왔다. 미래학자 토플러는 미래를 영성시대라고 단정한다. '영성시대'라고 불리는 포스트모던 시대에는 고대의 신비적 영성으로 다시 돌아가며, 시대적으로도 영성은 중요한 기능을 담당하게 될 것이다. 이런 현상은 고전적 영성으로 돌아가려는 움직임이기도 하다. 전도의 패러다임도 마찬가지다. 시대에 따라 강조되는 내용이 달라졌고, 선포의 방편도 다양해졌다. 포스트모던 시대에는 전도의 패러다임도 고대로 회귀하는 모습을 보인다.

그러므로 미래교회의 패러다임은 고대교회에서 발견할 수 있다. 미래교회는 고대교회로 회귀하는 교회이기 때문이다. 교회 공동체의 원형인 이스라엘의 광야공동체는 미래교회의 모습이며 미래교회는 광야공동체에서 패러다임을 찾을 수 있다. 세상을 바꾸는 힘은 교회에서 나오고 그 교회를 변혁하는 원리는 하나님께서 고대교회인 광야교회를 다루셨던 역사에서 발견할 수 있다.

미래는 시대의 변화에 따른 급격한 패러다임의 변화를 교회에 요구할 것이다. 시대를 앞서가고 사회를 구원하기 위한 기관다운 모습을 갖추려면 교회는 그러한 변화에 익숙해져야 한다.

그럼에도 불구하고 시대가 급변할수록 더욱 견고해져야 할 교회의 본질이 있는 법이다. 하나님은 광야교회를 인도하시면서 근본적으로 중요한 것들이 무엇인지 보여주셨고 이러한 모습들은 미래교회에 그대로 적용되는 것들이다. 시대가 아무리 변한다고 해도 이와 같은 신앙의 근본이 바르게 훈련된다면 하나님의 백성은 힘이 있고 교회는 견고해져갈 것이다.

신앙의 근본이 든든한 미래의 한국 교회를 기대하면서 광야교회를 통하여 미래교회를 배우는 기회가 되기를 소망한다.

연못골 도심수도원에서

이성희 목사

〈시대의 흐름에 따른 교회 패러다임의 변화〉

구분	고대(초대교회)	중세 시대	종교개혁 시대	모던 시대	포스트모던 시대
강조점	· 신비 · 공동체 · 상징	· 제도적	· 말씀	· 이성 · 조직적이며 분석적인 사고 · 언어적 · 개인주의적	· 신비 · 공동체 · 상징
교회의 형태	· 성육신의 연속: 그리스도의 몸 · 교회의 연합 · 신비	· 제도적 교회 · 보이는 교회 · 예전(禮典)교회 · 법적 교회	· 선구자 모델 (Herald Model) · 참 교회는 보이지 않는 교회 · 내적 기독교	· 교단의 성장 · 보이지 않는 교회	· 성육신 모델로 회귀 · 보이는 교회 · 교회는 그리스도의 몸의 신비한 지상현현
예배의 중심	· 하나님 중심	· 성직자 중심	· 성경이 평신도의 언어로 번역되어 평신도 중심으로 돌아옴	· 예배가 신자의 교육 중심이어야 하나 죄인 중심이어야 하나 라는 갈등	· 하나님 중심의 예배로 돌아옴
영성	· 세례의 영성 · 성만찬 영성 · 예전적 영성 · 시간의 영성	· 거룩한 기도 · 수도원 · 순례자 · 축제와 금식 · 성인 숭배 · 내외적 제자도	· 말씀의 영성 (영의 증거) · 소명의 영성	· 지식의 영성 · 거듭남의 영성 · 지배의 영성 · 증거의 영성	· 신비, 초자연적 세계관 · 세례, 예전, 성만찬의 영성으로 회귀
복음 전도의 강조점	· 교회와 성인 · 세례를 통한 그리스도 안에서의 통합의 과정	· 유아세례를 통하여 삶	· 믿음으로 의롭게 됨	· 거듭남의 경험 · 대중 전도	· 세례와 공동체 환경을 통한 그리스도 안에서 통합하는 전도로 회귀

1부
두 세계를 함께 사는 교회

이 땅은 하나님의 뜻이 이루어지는 자리이다.
그리고 하나님의 백성들은 이 땅에서 하늘의 뜻을 이루는 사람들이다.
하늘과 땅은 같은 뜻이 지배하는 나라가 되어야 한다.

예수께서 또 이르시되 너희에게 평강이 있을지어다
아버지께서 나를 보내신 것 같이 나도 너희를 보내노라 (요20:21)

1. 하늘과 땅의 균형잡기

1984년 미국 로스앤젤레스 올림픽준비위원회는 개막식 행사 때 깜짝 놀랄 일을 선보이려고 했다. 미국 국조인 흰머리 독수리 한 마리를 올림픽 주경기장 서쪽으로부터 날려 보내 경기장 잔디 아래, 오륜기가 있는 횃대 위에 사뿐히 내려앉게 하려고 계획을 세운 것이다. '밤비'라는 독수리를 선발해 조류학자와 조련사들이 특별 훈련을 시키기 시작했다. 그러나 연습비행을 하는 날 밤비는 얼마 동안 멋진 곡선을 그리며 비행하나 싶더니 그만 중심을 잃고 운동장 한복판으로 떨어져 즉사하고 말았다. 나중에 원인을 분석해보니 밤비는 너무 뚱뚱했고 양 날개의 균형이 잡히지 않은 상태였다.

하늘에서처럼 땅에서도

오늘날 그리스도인의 모습도 이와 비슷하다. 세상에 안주하며 나약한 모습이 많다. 세상의 빛도 소금도 못되고 걸핏하면 사람들의 입방아에 오른다. 그 이유는 '밤비'와 같다. 두 날개의 균형을 상실했고, 자기 먹을 배만 채우다가 비만에 걸려 있기 때문이다. 날개가 약하고 몸이 뚱뚱하면 날 수 없다.

성경은 주님을 의뢰하는 자들이 강풍을 타고 창공으로 치솟아오르는 독수리처럼(사40:31, 현대어성경) 살아갈 것이라고 한다. 독수리의 날개가 힘이 있고 높이까지 올라갈 수 있는 것은 두 날개가 균형을 이루고 있기 때문이다. 두 날개가 같이 힘이 있고, 균형을 이루어야 비로소 큰 힘으로 날 수 있다.

하나님이 모세에게 십계명을 주실 때 두 개의 돌비에 새겨주셨다. 그리고 두 돌비는 하나님께 대한 계명과 사람에 대한 계명으로 나누어져 있었다. 이처럼 하나님의 백성에게는 이 세상과 하나님 나라를 동시에 사는 지혜가 필요한 것이다.

예수님도 "나라가 임하소서"라고 기도하라고 가르치셨다. 하나님나라는 하나님의 통치(Sovereignty of God)가 구현되는 나라이다. 그러한 하나님나라가 이 땅에 임해야 한다. 이 땅이 하나님께서 다스리시는 나라가 되어야 한다.

예수님은 또한 "뜻이 하늘에서 이룬 것 같이 땅에서도 이루어지이다"라고 가르치신다. 이 땅은 하나님의 뜻이 이루어지는 자리이다. 그리고 하나님의 백성들은 이 땅에서 하늘의 뜻을 이루는 사람들이다. 하늘과 땅은 같은 뜻이 지배하는 나라가 되어야 한다. 주님은 이처럼 이 땅이 하늘의 지배를 받으며 궁극적으로는 세상과 하늘은 조화와 균형을 이루어야 함을 가르치셨다.

창조세계에 나타난 균형

눈을 돌려 창조 세계에 나타난 하나님의 균형을 살펴보자. 하나님이 만드신 인간 육체의 절묘함이란 상상을 초월한다. 인간은 육체적으로 정확한 균형을 이루게 되어 있다. 장기를 보더라도 몸의 균형을 이루도록 스스로 자기 자리를 찾아간다. 오래 전에 본 어떤 과학 잡지에서는 인간의 작은 장기 일부가 없어진다면 우주비행이 불가능하다고 소개했다. 우주비행사는 장기의 일부를 절단한 수술 경험이 없어야 한다. 지구의 중력 상태에서는 느끼지 못하지만, 장기의 일부가 없을 경우 달이나 다른 우주 공간에서는 몸의 균형을 상실하기 때문에 무중력 상태에서는 일을 할 수가 없다는 것이다.

신학적 인간 구조에서도 육체와 영혼의 균형을 전제하고 있다. 인간의 육체와 영혼은 분리되어 존재하거나 활동할 수 없다. 영혼은 육체를 떠나 존재할 수 없고, 육체 또한 영혼이 없다면 인간이라 불릴 수 없다. 그러므로 인간의 육체와 영혼은 항상 공존하며 이것이 조화를 이룰 때에 건강한 인간이다.

하나님은 인간에게 두 눈을 주셔서 세상을 균형 있게 보고, 두 귀로는 소리를 균형 있게 들을 수 있도록 하셨다. 그리고 두 팔로는 두 세계를 함께 잡으며, 두 나라를 동시에 딛고 살라고 두 다리를 주셨다. 두 세계에서 절묘하게 조화를 이루며 사는 삶이 그리스도인의 삶이며 기독교 신앙이다.

필립 얀시는 우리가 물질계와 영계, 이렇게 서로 다른 두 환경에서 사는 법을 배워야 한다고 말했다. 물질계에서는 굳이 생각하지 않아도 숨을 쉰다. 생각하면서 숨 쉬는 사람은 없다. 그러나 영계의 호흡인 기도는 애써 마음을 잡아야 할 수 있다. 하늘나라의 삶은 부활하신 그리스도의 생명으로 사는 것이다. 그래야 '참 삶'을 살게 된다.

이것은 마치 고래가 살아가는 방식과 비슷하다. 고래에게는 바다 생물들로 가득한 삶터가 있다. 그러나 고래는 한 시간에 한 번 수면 위에 올라와 산소를 들이키지 않으면 죽는다. 고래는 바다 위 세계에 대해서는 아는 바 없지만 살아남으려면 반드시 수면 위를 접촉해야 한다.

하늘에 적합한 존재가 세상에서 살아가려면

바다에 살던 연어는 급류를 거슬러 모천으로 되돌아가 알을 낳고 죽는다. 민물에선 더 이상 살 수 없기 때문이다. '스몰트'는 바다로 나갈 준비가 된 어린 연어를 말한다. 이때가 되면 연어는 몸이 더욱 유선형으로 변하고, 비늘 색깔이 은빛으로 바뀌고, 호르몬

활동이 증가하며, 아가미가 화학나트륨에 더 잘 견디는 형태로 변한다. 이런 변화를 스몰트화(smoltification)라고 한다. 이렇게 되어 비로소 세상으로 나가는 것이다. 하나님의 백성들도 이런 준비가 필요하다.

영국의 복음주의 신학자 존 스토트(John Stott)는 이와 관련해서 우리에게 '이중 청취'(double listening)라는 개념을 소개한다. 이는 한쪽 귀로는 하나님의 소리를, 다른 한쪽으로는 하나님의 세계에 귀를 기울인다는 의미이다. 그가 말한 '이중청취'란 말씀을 통하여 하나님의 목소리를 듣고 동시에 주변 사람들의 소리를 듣는 능력을 의미한다. 하나님의 목소리와 세상 사람들의 소리는 서로 배치될 때도 있지만, 이 둘은 서로 긴밀히 연결되어 있으며 제자화와 선교에 있어서 필수적인 요건이다.

하나님의 백성은 원래부터가 세상에 적합하도록 창조되지 않았기 때문에 세상에서는 절대로 완전한 만족을 누릴 수 없다. 이스라엘 백성들은 애굽에 살았지만 애굽인이 아니었다. 언젠가 그들은 하나님의 약속의 땅에 가야 했다. 애굽은 약속의 땅으로 가기 위한 전초기지에 불과하다. 애굽은 영원하지 못하며 가나안은 영원한 자리이다.

그럼에도 불구하고 애굽에서 충실하게 살아야 한다. 이 세상은 사랑의 대상이 아니라 적극적인 활용의 대상이기 때문이다(고전 7:31 참조). 애굽이 없다면 가나안도 없다. 세상에서 지혜롭게 살고 최선을 다하는 것이 하나님 백성들의 바른 자세이다. 이것이 두 세계를 사는 하나님의 백성에게 놓인 길이다.

2. 하나님이 약속하신 형통

요셉은 아버지 야곱에게 사랑을 많이 받았고, 꿈 많은 소년이었다. 그는 이 꿈 때문에 열일곱 살의 나이에 애굽 사람의 노예가 되었다. 꿈꾸는 자는 그 꿈 때문에 시련을 당하는 법이다. 그는 애굽 시위대장 보디발의 집에서 종으로 일하고, 보디발의 아내 때문에 억울하게 옥살이를 한다. 술 맡은 관원장이 그를 잊어버리는 바람에 감옥에서 오래 고생도 했다.

보디발도 인정한 요셉의 형통

그러나 그의 삶에는 한 점 오점이 없었다. 진로에서 벗어남이 없고 가는 길에 막힘도 없었다. 이것이 형통이다. 그의 형통은 노예로 있었지만 주인인 보디발도 인정한 형통이다. 감옥에 있었지만 간수도 그의 형통을 인정했다. 형통은 고통 가운데서 더 잘 된 이야기이다. 형통이란 고통이 면제된 게 아니라 고통 속에서도 하나님이 함께 하시고, 고난 후에 영광이 임하신 것이다.

그는 억울하게 팔려가 종살이, 옥살이, 힘든 일을 다 했지만 성경은 그의 걸음에 대해 이같이 말한다. "그[하나님]가 한 사람을 앞서 보내셨음이여 요셉이 종으로 팔렸도다"(시105:17). 요셉은 팔려간 것이 아니라 하나님이 그를 앞서 보내신 것으로 보고 있다. 요셉은 훗날 그의 형들을 만나 "나를 이리로 보낸 이는 당신들이 아니요 하나님이시라"(창45:8)고 고백한다. 이것이 요셉이 형통한 이유이다. 자신의 삶을 인도하시는 분이 하나님이시며, 모든 것을 하나님의 뜻으로 인정하기 때문이다.

요셉은 세상과 하나님의 나라를 동시에 성공적으로 살았다. 히브리인으로서 당대 최고의 국가인 애굽의 총리를 지내면서, 그는 자신에게 있던 지혜와 힘으로 애굽을 기근에서 구하는 데 아낌없이 사용했다. 그러나 그는 애굽 사람이 아니었다. 그는 죽기 전에, 이스라엘이 언젠가 애굽을 떠날 때에 자신의 시신을 매고 나가달라고 부탁했다.

백성들은 요셉에 죽었을 때에 그의 시신을 장사하지 않고 향재료를 넣고 입관했다. 그의 유언대로 훗날 매고 나갈 것을 바라며 매장하지 않았다. 요셉은 애굽의 모든 것을 누리며 공헌하면서도 훗날의 가나안을 이미 살았던 인물이었다. 요셉은 애굽과 가나안, 이 세상과 하나님의 나라를 동시에 살았던 균형잡힌 사람이었다.

성공의 참된 정의

'형통'의 히브리어는 '찰레아흐'인데, 이 말은 '번성한'(prosperous)이란 뜻이다. 영어성경은 '번성한' 또는 '성공적'(successful)이란 말로 번역하고 있다. 로리 베스 존스는 《주식회사 예수》라는 책에서 "예수님의 성공에 대한 정의는 '하나님의 뜻대로 하시는 것'이었다"고 한다. 그렇다. 성공(형통)은 하나님의 뜻대로 하는 것이다. 요셉의 형통은 하나님이 함께 하셨기 때문이다. 하나님이 함께 하시는 그 자체가 형통이다.

이러한 하나님의 사람의 형통은 "모든 일에" 해당된다. 요셉은 범사에 형통했다. 평안한 것이 아니라 형들에게 팔려간 것이 그의 형통이다. 보디발의 아내에게 억울한 무고를 당한 것이 형통이다. 옥에 갇히고 술 맡은 관원장이 그를 까마득하게 잊은 것이 형통이다. 주인 보디발은 자신이 아니라 종인 요셉이 형통한 것을 보았다. 요셉의 근면, 정직, 성실을 인정한 것이다. 이는 바울도 마찬가지였다. 매 맞고 배가 파선되고 굶주리고 감옥에 갇히는 것이 그의 형통이었다. 고통 가운데서 더 잘 되는 것이 바울의 형통이다.

사무엘의 형통은 하나님 중심으로 살았던 결과였다. 사무엘상 3:1절에는 "아이 사무엘이 엘리 앞에서 여호와를 섬길 때"라고 말씀하고 있다. 흔히 사람들은 여호와 앞에서 사람을 섬긴다. 사람에게 잘 보이려 하고, 사람 시중을 들기 쉽다. 그러나 사람과 하나님의 위치가 바뀌면 만사불통이다. 이것이 바로 되면 만사형통인 것이다. 이 세상의 만사가 하나님의 것이고, 범사가 하나님의 일이다. 하나님 빼고 형통이 있을 수 없다. 우리 그리스도인의 일은 잘 안 되는 것 같지만 결국은 잘 된다. 우선은 어긋나 보이지만 바르게 간다.

 형통한 자는 삶의 자세가 다르다. 철저하게 하나님의 뜻대로 산다. 그것이 잘되고 형통하는 비결이다. "하나님은 성공하라고 하시지 않고, 성실하라고 하신다"는 말이 있다. 성실하면 성공하게 하신다. 이것이 하나님의 사람이 경험하는 형통이다. 하나님은 성실한 사람을 형통하게 하신다. 사람들도 성실한 사람의 형통을 인정한다. 세상과 하나님의 나라를 동시에 사는 하나님의 사람은 하나님의 나라에 소망을 두지만 이 세상에서 최선을 다하는 사람이다.

3. "고난당한 것이 내게 유익이라"

요셉을 알지 못하는 왕은 하나님의 백성을 더욱 박해했다. 그리고 이스라엘은 하나님께 고통을 호소한다. 모세를 죽이려고 찾던 왕이 사라지면 그 고통이 끝날 줄 알았는데 악은 쇠하지 않았다. 세상의 악은 갈수록 그 도가 심해지고 있다. 바울은 디모데에게 보낸 편지에서 "악한 사람들과 속이는 자들은 더욱 악하여져서 속이기도 하고 속기도 하나니"(딤후3:13)라고 썼다.

세상의 노예보다 그리스도의 노예가 되어

하나님을 알지 못하는 세상은 쉴 새 없이 하나님의 사람을 고통으로 몰아넣는다. 세상 권력은 이런저런 방법으로 하나님의 사람을 노예로 전락시킨다. 세상과 하나님의 나라는 항상 갈등하고 있다. 세상은 예수님으로 말미암아 지은 바 되었지만 세상은 예수님을 모른다(요1:10). 세상은 하나님의 백성에 대해 알지도 못하고 핍박한다. 그러므로 이 세상에서 예수님을 믿고 그분의 뜻대로 사는 삶은 그 자체로 십자가다. "누구든지 나를 따라오려거든 자기를 부인하고 자기 십자가를 지고 나를 따를 것이니라"(마16:24).

하나님의 백성들은 세상에서 영원히 살도록 지어지지 않았기에 이곳에서 절대 완전한 만족을 누릴 수 없다. 오히려 세상은 진정한 하나님의 사람들이 살아가는 모습을 보며 미워하게 된다. 베드로의 말대로 우리는 나그네이며 지나가는 행인이다(벧전2:11). 우리는 잠깐 보이다가 없어지는 안개와 같다(약4:14). 토머스 왓슨이 표현한 것처럼, 세상은 거대한 여인숙이고 우리는 이 여인숙의 투숙객이다.

반면 희망도 있다. 하나님의 백성들은 망할 것 같지만 망하지 않는다. "우리는 사면에서 닥치는 고통에 짓눌리지만 움츠러들지도 쓰러지지도 않습니다. 너무도 어처구니없는 일에 당황할 때도 있지만 절망하거나 자포자기하지 않습니다. 우리가 박해를 받을 때도 하나님께서는 결코 우리를 버리시지 않습니다. 우리는 얻어맞고 넘어져도 다시 일어나서 달려 나갑니다"(고후4:8-9, 현대어성경). 고통은 하나님의 백성을 넘어지게 하지 못한다. 핍박은 하나님의 백성을 망하게 하지 못한다. 이것이 세상에서 하나님의 백성이 살아가는 모습이다. 이 세상에 두신 교회의 소망이다.

고통이 축복으로 다가올 때

그리고 세상이 주는 고통은 하나님의 사람에게 반드시 나쁜 것만은 아니다. 시편 기자는 "고난당한 것이 내게 유익이라 이로 말미암아 내가 주의 율례들을 배우게 되었나이다"(시119:71)라고 고백한다. 즉 고난이 하나님의 도움의 손길을 경험하는 통로가 되기도 하는 것이다. 하나님은 세상의 악한 권력자에게 경고하신다. "네가 만일 그들을 해롭게 하므로 그들이 내게 부르짖으면 내가 반드시 그 부르짖음을 들으리라"(출22:23). 하나님은 하나님의 백성의 고통을 외면하지 않으신다.

고통을 느끼는 것이 오히려 좋은 일일 때도 있다. 한센병 환자는 신체적 고통을 느끼지 못한다. 요즘 빈번해지면서도 가장 두려운 질병인 암도 마찬가지이다. 초기에는 전혀 고통도 증세도 없다. 폴 브랜드 박사(Dr. Paul Brand)는 한센병에 대한 권위자로 유명하다. 그가 루이지애나 주의 카빌(Carvill)에 있는 한센병 환자 재활원 원장으로 있을 때였다. 출장 차 미국을 떠나 영국으로 가서, 몇 군데에서 일을 본 후에 여러 시간 기차를 타고 런던에 도착했다. 그 날 밤 호텔에서 잠자리에 들려고 신발을 벗고 양말 한 짝을 벗었는데, 발뒤꿈치에 아무런 감각이 없는 것이었다. 보통 사람들이라면 대수롭지 않게 넘어가겠지만, 인도에서 수많은 한센병 환자를 수술한 경험이 있는 그에게는 순간적으로 불안한 생각이 스쳤다. 그는 급히 일어나 핀을 찾아 그 핀으로 발의 복숭아 뼈 밑 부분을 찔러댔다. 그런데도 감각이 없었다. 더 깊이 찔렀다. 찔린 부분에서는 피가 솟아났지만 그래도 감각은 없었다. 자신이 한센병에 감염된 것이었다. 박사는 밤새도록 잠을 이루지 못했고, 한센병환자로 살아가야 할 두려운 인생이 머리에서 떠나지 않았다. 그는 자신이 버림받은 모습을 상상해 보았다. 가족들로부터 떨어져 살아갈 것을 생각하니 눈물이 마구 쏟아졌다.

고통의 밤이 지나고 동이 트기 시작했다. 그는 이제 자기 인생에는 희망이 없을 거라는 생각으로 어제 찔렀던 복숭아 뼈 밑 부분을 핀으로 꼭 눌러서 쑤셨다. 순간 그는 기절할 듯이 아파서 고함을 쳤다. 그 아픔, 그 고통은 정말 축복이었다. 그제야 그는 어제 장시간의 기차 여행으로 앉아 있는 동안, 신경의 한 부분이 눌려 발이 마비상태였음을 알게 되었다. 그 후로 브랜드 박사는 실수로 칼에 손가락을 베었을 때도 그 고통에 감사했다고 전해진다. 발을 잘못 디뎌 펄쩍펄쩍 뛰면서도 그 아픔에 진심으로 감사했다. 심지어 버섯을 잘못 먹고 온 몸을 뒤틀면서 토하는 심한 고통을 당할 때도 그는 "하나님, 나의 고통에 감사합니다"라고 했다.

지금 내가 고통을 느끼는 것 자체가 살아있다는 증거이다. 그것은 아직도 건강하다는 뜻이다. 고통은 하나님의 관심을 불러일으킨다. 하나님은 고통에 귀를 기울이신다. 그래서 고통은 감사해야 할 은총이다. 고통은 축복의 통로이며 은총의 가면이다. 고통 때문에 더 잘 되고, 고통 때문에 하나님을 만난다.

교회의 진짜 고통

그렇다면 교회가 겪는 진짜 고통은 무엇인가?

교회가 세상을 이끌어야 하는데 반대로 이끌림을 받는 것이 고통이다. 이전에는 교회가 사회를 걱정했지만 요즘은 사회가 교회를 걱정한다는 말이 있다. 교회는 더 이상 사회의 기대감을 충족하지 못한다는 소리다.

또한 미래 교회는 성경이 말씀한 대로 종말적 핍박을 겪게 된다. 그리스도인들은 순전히 복음을 믿는다는 이유로 핍박을 받게 될 것이다. 아니 이미 그러한 고통을 당하는 성도들이 부지기수로 많다. 포스트모던 시대는 마치 애굽이 야곱의 후예들을 알지 못하듯 하나님의 백성을 모르는 시대이기 때문이다.

두 세계를 성실하게 살아가려고 몸부림치는 하나님의 사람들에게는 늘 이러한 남모를 고통이 있다. 세상을 살아가는 사람들에게 늘상 있는 생활의 염려와 죄의 결과로 인한 고통 외에도 하나님의 뜻을 이루어드리는 과정에서 겪는 아픔이다. 두 세계를 함께 사는 교회에게도 그러한 고난은 늘상 따라다닌다. 교회는 하나님을 아는 축복과 함께, 하나님을 아는 자의 고통도 함께 가르쳐야 한다.

고난은 하나님께 눈뜰 수 있는 좋은 기회다. 모든 고난이 전부

하나님께로부터 나오는 것은 아니지만, 하나님은 한 인간의 영적인 성장과 새로운 하나님 경험을 위해 고난의 골짜기를 통과하게 하신다.

 문제는 우리의 어려움과 고통의 크기가 아니라 그러한 과정을 통해 우리를 빚으시는 하나님을 보는 믿음의 눈이 없다는 사실이다. 하나님은 고난을 통해 반드시 이루시려는 목적이 있다. 그것을 발견하는 것은 환난 중에 있는 우리에게 큰 위로가 된다.

4. 하나님을 보는 사람들

아무도 하나님의 말씀을 듣지 못하는 시대에 하나님의 움직임을 보는 사람들이 있었다. 그들은 화려한 기술문명과 포장문화에 길들여지지 않는다. 사람들의 감언이설과 눈에 보이는 물질의 유혹도 그들의 굳은 의지를 어찌할 수 없다. 미래의 과학과 기술은 지식과 이성이라는 도구를 사용하여 눈에 보이는 하나님을 입증하라고 더욱 우리를 유혹해 올 것이다. 포스트모던 시대를 살아가는 우리들에게는 하나님의 사람들에게 충만했던 '경외의 영성'이 절실히 필요하다.

하나님의 카메라앵글

그들은 하나님의 구원계획에 눈을 뜬 사람들이다. 하나님의 움직이심을 믿음의 눈으로 통찰하는 사람들이다. 사람들이 아무리 달음질치며 내달려도 그는 느긋하게 하나님의 임재와 역사를 기다리는 지혜로운 사람이다.

한 가지 예를 들어보자. 하나님은 이미 아브라함에게 이스라엘 민족의 장래에 대해 소상히 알리신다. 아브라함의 후손들이 이방에서 나그네가 되어 이방을 섬길 것이고 400년 만에[*] 큰 재물을 이끌고 나오게 될 것이라고 하셨다(창15:13-14). 또한 하나님은 아브라함에게 그의 후손이 이방에서 그들을 섬기다가 4대 만에 약속의 땅으로 돌아오게 될 것을 약속하셨다(창15:16). 1대는 야곱, 2대는 레위, 3대는 고핫, 4대는 아므람 그리고 아므람의 아들 모세를 통하여 백성들을 가나안에 이끌어갈 것을 약속하신 것이다. 하나님의 약속은 역사를 통해 이렇듯 빈틈없이 이루어진다.

오랜 시간이 흐른 후에 요셉을 알지 못하는 바로가 등극했다. 역사적으로는 그때까지 애굽을 통치하던 힉소스 왕조가 몰락하고 함계의 신왕조가 시작된 것이다.^{**} 요셉을 알지 못하는 왕의 출현으로 이스라엘은 노예가 되었고 그들은 극심한 고통을 받게 되었다.

---

[*]400년은 이삭을 하나님의 씨로 확정하신 때부터를 의미한다(창22:15-18). 반면 바울은 이 기간을 430년이라고 한다(갈3:17). 430년은 아브라함이 하란에서 하나님의 부르심을 받았을 때부터 계산한 햇수이다(창12:4). 각주는 모두 저자의 것임.
^{**}힉소스 왕조는 셈계로서 11왕조부터 17왕조까지 애굽을 다스렸다. 새 왕은 힉소스를 축출한 18왕조의 아멘호텝 2세라고 본다. 신왕조는 18왕조부터 31왕조까지 지속되었다. 새로운 왕조가 통치하자 요셉의 명성도 공도 잊혀지고 야곱의 후예들은 인종적 차별 속에서 노예로 전락한다.

그들은 하나님께 부르짖었지만 하나님은 기다리셨다.

그들의 부르짖음에 대한 하나님의 구원 계획은 모세의 아버지 아므람과 어머니 요게벳의 결혼 장면으로 시작된다. 그리고 모세 누나 미리암이 태어나고, 세살 형 아론 다음에 비로소 모세가 태어난다. 모세는 40년을 궁중에서 왕자로 살았고, 다시 40년을 미디안 광야에서 목자로 생활했다. 그때 비로소 하나님은 모세를 불러 구원 계획을 밝히신다. 하나님께서 애굽에 있는 이스라엘을 구원하시려는 계획을 세운 지 100여년이 흐른 후였다.

이처럼 하나님은 서두르지 않으시며 역사를 진행해 가신다. 칼 융이 말한 대로 "조급함은 마귀에게서 나온 것이 아니라 그 자체가 마귀이다." 조급한 사람들은 고난의 이면에 있는 은총을 누리지 못하고 고난에 시달리기만 한다. "사람들은 오아시스의 야자나무들이 지평선에 보일 때 목말라 죽는다."(파울로 코엘료,《연금술사》)

엔도 슈사쿠의《침묵》에서는 이런 하나님이 잘 묘사되고 있다. 17세기 일본의 이노우에 시대에 포르투갈의 신부 로돌리코는 야음을 타서 배를 타고 일본의 해안에 상륙한다. 그는 일본에서 포교하다 갖은 배척과 고통을 당한다. 그리고 그 고통을 이기지 못하고 배교한다. 배교한 신부는 그리스도와 이렇게 대화한다. "주여, 당신이 침묵하고 계시는 것이 원망스럽습니다." 그때 그리스도는 "나는 침묵하고 있었던 게 아니다. 함께 괴로워하고 있었다"고 말씀하신다. 그리스도는 인간의 고통에 동참하고 계신다. 그것이 때로는 침묵으로 나타난다. 우리는 이런 하나님을 이해할 수 없다. 그렇지만 성 아우구스티누스가 말한 대로 "우리가 이해할 수 있다면 그것은 하나님이 아니다."

하나님을 본다는 것 1 : 영적 분별력

하나님을 본다는 의미는 다른 말로 하면 영적인 분별력을 갖는다는 뜻이다. "나는 여러분이 더욱더 남을 사랑하고, 또 그에 못지않게 영적 지식과 통찰력도 계속 성장하기를 기도합니다. 그리하여 선악을 분별하는 능력이 늘 갖추어져 있고 누구로부터도 비난 받을 일이 없는 정결한 사람이 되어 그리스도의 날을 맞이하기를 바랍니다"(빌1:9-10, 현대어성경). 이러한 분별력을 갖게 될 때 그는 이 시대가 어떻게 흘러가고 있는지, 세상 권세 잡은 자가 사람들에게 어떻게 역사하고 있는지, 하나님의 위대한 역사는 어떠한 모양으로 나타나는지 볼 수 있는 안목을 갖게 된다. 그리고 거기에 참여할 수 있는 것이다. 그는 하나님께서 이 시대에 자신을 부르신 의미를 발견하고자 몸부림치는 사람이요, 그것을 깨달았으면 그렇게 살고자 최선을 다한다.

이것이 어떤 의미인지 구체적으로 살펴보자. 성경에는 기적이 가장 많이 나타난 세 기간이 있다. 모세 시대와 엘리야-엘리사 시대와 예수님과 사도 시대였다. 이 시대는 기적이 아니고는 하나님의 역사를 나타낼 수 없는 시대였기 때문이다. 모세 시대에 나타난 열 가지 재앙은 모두가 기적이었고 애굽에 대한 하나님의 진노의 표현이었다. 하나님의 재앙이 나타날 때마다 애굽 술사들은 마술로 하나님의 기적에 대항하려고 했다.

이러한 마술사들은 오늘로 말하면 세상 권력에 아부하며 치부하는 자들이다. 자기 이익에 빠르며 진리에 무관심한 자들이다. 이들을 움직이는 것은 자본주의 경제논리이다. 이들은 지식과 과학과 기술과 정보라는 우상 앞에 살아간다. 미래 사회는 이런 인간들이 풀어놓은 지식과 과학의 거미줄에 매여 살아가게 될 것이다. 실제로 현대 과학과 생명공학, 가상공간 같은 것들은 우리의 삶과 신앙에 유익을 주기도 하지만 눈이 먼 많은 사람들을 속이는 데 이용되고 있다. 사람들은 이런 것들을 신(god)으로 생각하며 살아간다.

사람들은 점점 더 과학적 지식을 맹종하게 될 것이다. 경건의 모양은 있으나 경건의 능력은 부인하게 될 것이다(딤후3:5). 그리스도인이라는 이름과 고백은 있지만 거기에 걸맞게 살아가려는 의지는 없는 명목상의 그리스도인(nominal Christian)이 더욱 많아질 것이다. 미래학자들에 따르면 미래 사회는 한결같이 이단 사이비가 횡행하게 될 것으로 예측된다. 과학과 정보에 대한 인간의 역작용은 초과학적이며 신비한 현상에 대한 관심을 극대화하고 영을 추구하게 될 것이기 때문이다. 이것은 성경이 증언하는 바와 일치한다. "사랑하는 자들아 영을 다 믿지 말고 오직 영들이 하나님께 속하였나 분별하라 많은 거짓 선지자가 세상에 나왔음이라"(요일 4:1).

현대인에게는 이미 하나님을 대체한 것이 많다. 앞으로도 인간의 지식은 신의 자리를 차지하게 될 것이고, 과학으로 하나님께 닿으려는 바벨탑을 쌓아갈 것이다. 그들은 첫 계명을 어긴 자들이다. "너는 나 외에는 다른 신들을 네게 두지 말라"(출20:3). 자신을 낮추면 모든 문제가 쉽게 해결될 수 있다. 가장 지혜롭게 사는 비결은 하나님을 하나님으로 인정하고 그분 앞에서 자신을 스스로 낮추는 것이다.

하나님을 본다는 것 2 : 하나님의 임재 누리기

성경에는 '하나님의 손'이라는 표현이 여러 번 등장한다. 브루스 윌킨슨이 《야베스의 기도》에서 밝힌 것처럼 하나님의 손은 하나님의 백성들 속에 살아 계시는 하나님의 임재와 능력을 묘사하는 표현이다.

이러한 하나님은 손에는 이중성이 있다. 렘브란트의 명화 〈탕자의 귀향〉에 묘사된 하나님을 나타내는 아버지의 한 손은 남자, 한 손은 여자의 손을 하고 있다. 한 손에는 진노, 한 손에는 축복을 가지고 계신다. 하나님의 손은 능하고, 보호하며 치기도 하신다. 하나님은 자신의 백성을 인도하실 때 손을 펴신다. 세상 사람들을 징

벌하실 때도 마찬가지다. 하나님의 손은 하나님의 백성에게는 인도와 보호하심이지만 세상 사람들에게는 징벌과 재앙의 징표다. 같은 땅에 살지만 애굽은 하나님 손맛을 보고, 이스라엘은 손덕을 보았다.

이처럼 하나님을 본다는 것은 하나님의 나라를 맛보는 것인데, 하나님의 나라는 거듭난 영혼이 경험하는 하나님의 임재이다. 스티븐 아터번이 말한 대로 "모세는 나이 40세 때에는 문제를 보았으나 80세에는 하나님을 보았다." 문제를 보았을 때 그는 살인자가 되었다. 그러나 하나님을 보았을 때 해방자가 되었다. 그의 사역은 하나님을 봄으로 시작되었다. 그의 이전 80년의 생애는 사역을 위한 준비였지 사역은 아니었다. 모세의 사역은 거부와 고통으로 시작했다. 그러나 그가 자신을 낮추고 하나님의 부르심에 순종하는 순간 하나님은 높아지고 하나님은 역사하셨다.

미래 교회는 문제를 보고 문제를 해결하는 교회가 아니라 하나님을 보고 하나님께 순종하는 교회가 되어야 한다. 이런 교회가 미래의 해방자이다.

5. 홍해, 임전무퇴!

출애굽한 이스라엘 백성들은 얼마 있지 않아 절망적인 상황을 맞이한다. 앞에는 홍해가, 뒤에는 애굽의 마병들이 그들을 추격해 오고 있었다. 바로는 특별 병거 600대를 앞세우고 애굽의 모든 병거와 함께, 친히 자신의 병거를 타고 이스라엘 백성의 뒤를 쫓았다. 이스라엘 백성들이 도망가지 못하게 하려고 모든 수단이 다 동원된 것이다. 그들 앞에는 오직 홍해를 통하는 길밖에는 없었다.

모던의 홍해를 가르고 포스트모던 시대로

관건은 그들에게 홍해를 건널 의지가 있냐는 것이었다. 애굽으로 돌아가려는 이스라엘 백성들 안의 원망이 더 큰 문제였다. "그들이 또 모세에게 이르되 애굽에 매장지가 없어서 당신이 우리를 이끌어 내어 이 광야에서 죽게 하느냐 어찌하여 당신이 우리를 애굽에서 이끌어 내어 우리에게 이같이 하느냐 우리가 애굽에서 당신에게 이른 말이 이것이 아니냐 이르기를 우리를 내버려 두라 우리가 애굽 사람을 섬길 것이라 하지 아니하더냐 애굽 사람을 섬기는 것이 광야에서 죽는 것보다 낫겠노라"(출14:11-12).

이러한 원망은 지금도 여전하다. 모던 시대에서 포스트모던 시대로 건너가고 있는 우리도 진퇴양난의 고비를 만난다. 우리를 모던 시대에 안주하도록 하는 온갖 수단이 다 동원된다. 가는 길은 홍해처럼 깊어 보이고 위협적이며 출렁인다. 새로운 패러다임을 결코 수용하지 않으려는 내부의 목소리는 교회 리더에게 가장 큰 장애로 다가온다.

산업사회의 경쟁과 분리 원리는 교회에도 예외없이 적용되었다. 반면 정보사회에서는 세계가 조화를 이루고, 지구촌을 형성하며, 하나의 세계를 지향하고 있다. 이 둘은 서로 지향하는 바가 다르므로 완전히 다른 세계를 보여준다. 산업사회에 익숙한 기성세대는 과거 회상적인 삶을 살려고 한다. 이전의 틀을 그리워하며 정보사회로 건너가기를 거부한다.

많은 사람들은 이렇게 말한다. "지금이 훨씬 좋은데 왜 변화해야 하는가?" "우리 교회의 전통을 하루아침에 없애야 하는가?" "영상은 경건한 예배 분위기를 해치지 않을까?" 마치 홍해를 사이에 두고 다시 애굽으로 돌아가려는 이스라엘 백성들처럼 산업사회의 익숙한 삶의 자리에 안주하며 살아가는 사람들이 있다.

그러나 모던 시대와 포스트모던 시대는 산업사회와 21세기 정보사회가 다른 것만큼이나 현저히 다르다. 산업사회는 '경쟁과 분리' 원리에 기초를 두었다면 정보사회는 '통합과 조화'의 원리로 발전하고 있다.

산업 사회와 정보 사회의 차이는 개미 사회와 거미 사회로 비교되기도 한다. 개미는 부지런히 일하여 모든 먹이를 독점하는 시대를 상징한다. 산업 사회는 부지런한 사람들이 성공하며 소유를 독점하던 시대였다. 그러나 거미는 부지런히 일하는 타입이 아니라 좋은 길목에 거미줄을 치고 기다리다가 먹이가 걸리면 잡아먹으며 산다. 정보 사회는 이렇듯 정보망을 많이 가지고 있는 사람이 승리한다. 정보 사회는 개미 사회와 같은 독점이 아니라 공유의 사회이다.

세상을 바꾸려면 세상에서 나와야 한다

레너드 스윗은 고대와 미래를 함께 듣는다는 신학적 개념을 발전시켰다. 고전 기독교 신앙을 새로운 미래 세계에 자리매김하려는 시도를 그는 '이중 종소리'(double ring)라고 부른다. 고대와 미래는 하나의 시간적 개념으로 묶여져 고대미래(ancientfuture)가 된다. 고대와 미래가 연결고리도 필요 없는 하나라는 의미로 그는 그렇게 썼다. 고대는 미래의 거울인 것이다.

이스라엘 백성이 홍해를 믿음으로 건넌 후부터 '광야교회'로 불렸듯이 두 세계를 함께 사는 교회도 자기가 살아가던 세상에서 나올 때만이 비로소 두 세계를 살기 시작한다.

현대를 살아가는 교회도 마찬가지다. 우리는 포스트모던 시대의 도전을 몸소 체험하고 있다. 세속화의 물결이 이미 교회에 들어온 지 오래다. 포스트모던 시대에 대한 막연한 두려움도 있다. 성도들도 예전같지 않고 사람들을 전도하는 것은 더욱 어려운 일이 되어가고 있다. 세상이 더욱 악해져만 가는 것 같다. 이 모든 것은 패러다임의 변화를 촉구하는 시대적인 부르심일 수도 있다.

그렇지만 이 골짜기를 건너지 않으면 새로운 세계를 기대할 수 없다. 리더는 이런 사람들까지 설득하여 홍해를 건너게 하는 역할을 맡고 있다. 이것이 새로운 시대를 향하는 리더의 책임이다.

새로운 패러다임이 아니고는 생존하기 어렵다. 모던 시대와 포스트모던 시대는 그 패러다임이 완벽하게 다르다. 홍해가 갈라지듯 사고의 틀을 깨는 과감한 변혁이 없이는 포스트모던을 맛볼 수 없다. 우리는 모던 시대의 사고의 틀을 속히 벗어나 포스트모던의 사고로 전환해야 한다. 홍해를 건너야 하는 것만큼 어렵고 힘이 드는 일이지만 반드시 넘어야 할 이 시대의 과제이다.

2부
예배의 감격이 있는 교회

교회 쇠퇴 신드롬의 두드러진 특징 중 하나는
구원에 대한 감격을 잃어버리는 것이다.
미래 교회는 구원과 예배의 감격을 회복하는 교회이다.

주를 두려워하는 자를 위하여 쌓아 두신 은혜
곧 주께 피하는 자를 위하여 인생 앞에 베푸신 은혜가
어찌 그리 큰지요 (시31:19)

1. 광야에서 만나주신 하나님

이스라엘 백성들은 단지 광야에서 살고자 출애굽하지 않았다. 출애굽과 광야는 과정이요 수단에 불과했다. 그러나 이런 과정 없이는 목적을 성취할 수 없었다. 하나님이 애굽에서 400년을 생활하던 이스라엘 백성들을 출애굽시키시고 40년의 광야 생활을 하게 하신 목적은 따로 있었다.

출애굽의 목적

그 목적은 종살이에서의 해방이 아니라 하나님께 제사를 드리며 그분을 섬기는 삶에 있었다. "너희가 사흘 길을 가서 나의 산에서 희생을 드리게 하겠다"는 것이다. 이 말씀은 출애굽기에 세 번이나 기록되어 있다(출3:18, 5:3, 8:27). 백성들이 애굽에서 노예생활을 하면서 하나님께 제사를 드리는 것은 불가능했다. 그들은 주인의 눈치를 보아야 했고 애굽의 우상 숭배 문화에 익숙해져 있었다. 그러한 굴레에서 벗어나 광야에서 자유롭게 하나님을 섬길 수 있도록 한 것이 하나님의 구체적인 의도였다.

하나님께서 우리를 구원하신 구체적인 목적도 하나님을 예배하는 데 있다. 주님은 세상에서 마귀의 노예로 살던 사람을 구원하여 하나님을 섬기는 사람이 되게 하신다. 마귀의 종으로 마귀를 섬기는 동안은 하나님을 섬길 수 없기 때문이다.

루시 쇼는 그의 책 《물댄 동산 같은 내 영혼》(Water My Soul)에서 "독특하게도 하나님께서는 당신의 사람들을 광야로 불러내신다. 그곳은 위대한 배움터이다. 우리가 우리의 인간적인 능력을 포기하고 하나님을 향한 전면적인 의탁을 배우는 곳이 바로 광야이다"라고 했다. 하나님은 백성들을 불러내어 위대한 것을 배우게 하신다. 그것은 바로 하나님께 대한 예배이다. 하나님께 대한 예배가 출애굽의 목적이다.

광야를 함께 걸으시다

'광야교회'에서 '교회'에 해당하는 헬라어는 '에클레시아'로 이는 재판이나 강의에 불러내는 것을 뜻했다. 광야는 하나님이 이스라엘을 불러내신 곳이다. 불신과 범죄의 장소에서 불러내신 곳이 교회이다. 또한 교회는 히브리어로 '수나고게'라고도 하는데 이는

"같이 인도하다"는 뜻이다. 하나님은 함께 광야의 길을 걸으셨다. "그는 너희보다 먼저 그 길을 가시며 장막 칠 곳을 찾으시고 밤에는 불로, 낮에는 구름으로 너희가 갈 길을 지시하신 자이시니라"(신1:33). 그들의 옷이 해어지지 않게 하셨고 발이 부르트지 않게 하셨다(신29:5, 느9:21). 하나님은 잠시도 떠나지 않고 같이 인도하셨다. 이것이 광야의 은총이다.

광야 길은 멀고 험하며 가장 힘든 때다. 그러나 하나님은 이스라엘이 '광야에서' 하나님을 섬길 것이라고 한다. 스데반은 그의 설교에서 "시내 산에서 말하던 그 천사와 우리 조상들과 함께 '광야 교회'에 있었고 또 살아 있는 말씀을 받아 우리에게 주던 자가 이 사람이라"(행7:38)고 한다. 이처럼 광야는 교회의 모형이며 예배하는 자리의 모형이었다. 그러므로 역설적이게도 광야는 하나님을 섬기기에 가장 적합한 곳이다.

하나님은 온 우주에 계시지 않은 곳이 없지만 이 땅에서 특별히 임재를 약속하신 곳이 있다. 하나님은 자신의 백성들이 거룩한 땅에서 하나님께 제사하기를 기대하신다. 사흘 길을 가서 희생을 드리라고 하신 것이 그러한 이유이다. 사흘 길은 이스라엘 백성들이 목축을 하던 고센 땅에서 호렙산까지 가는 길이었다. 사흘 길은 하나님께 제사하기에 가장 적절한 시간이기도 했다.

애굽에서 나와야 할 이유

이스라엘 백성들이 애굽을 떠나 광야로 가려고 할 때에 바로는 이스라엘 백성을 설득한다. 하나님의 재앙도 면하고 노예도 잃지 않으려는 의도였다. 바로는 첫째, 애굽 땅에서 희생을 드리라고 했다(8:25). 둘째, 너무 멀리는 가지 말라고 했다(8:28). 셋째, 장정만 가라고 했다(10:11). 마지막으로, 양과 소는 두고 가라고 했다(10:24). 이런 식의 유혹은 끊임이 없다.

애굽의 왕은 "이곳에서 제사하라. 이 땅이면 어떠냐?"고 하지만 하나님은 "이 땅에서는 안 된다"고 하신다. 하나님은 아무데서나, 아무렇게나, 아무에게나 예배하라는 세상 왕의 편의주의를 배격하신다. 애굽에서는 제사드리기 힘들다는 사실을 하나님은 잘 알고 계셨다. 이스라엘 백성들은 자신도 모르게 애굽의 우상숭배에 익숙했다. 이런 정황에서 하나님은 그들로 하여금 애굽을 벗어나게 하시고, 하나님께 마음껏 제사하게 하시려고 출애굽을 단행하신 것이다.

더럽고 세속으로 가득한 땅에서 드리는 제사를 하나님은 기뻐하지 않으신다. "전에 주께서 주의 종 선지자들에게 명령하여 이르시되 너희가 가서 얻으려 하는 땅은 더러운 땅이니 이는 이방 백성들이 더럽고 가증한 일을 행하여 이 끝에서 저 끝까지 그 더러움으로 채웠음이라"(스9:11). 그 땅은 불의와 음행을 행하고, 이방신에게

제물을 바치는 곳이었기 때문이다.

　애굽이 제사하기에 좋지 않은 또 다른 이유가 있다. 애굽인들은 거의 모든 동물들을 숭배하는 자들이었기에 짐승을 죽여 희생드리는 것을 매우 싫어했다. 예를 들어 암소는 애굽의 아시스 신의 상징이었고, 수소는 아피스 신의 상징이었다. 흰 암소는 절대 제물로 바치지 않았다. 백성들이 광야에서 금송아지를 만들어 자신들을 이끄는 신이라고 한 것도 이 때문이다. 하나님께 동물을 잡아 드리는 피흘림의 제사는 애굽인들에게 종교적인 반항이었다. 당시 애굽에는 동물들을 고의로 죽인 사람에게 사형을 내리는 형벌까지 있었다. 한 사신이 사고로 고양이를 죽였다는 이유로 사형을 받았다는 기록도 발견할 수 있다.

　미국 연방정부의 대법원은 '세속적 인간주의'(The Secular Humanism)를 하나의 종교로 인정했다. 인간은 하나님을 자의적으로 해석하고, 자신의 편의를 따라 하나님도 만들어낸다. 인간에게 불가능은 없다고 한다. 그러나 성경은 "내게 능력주시는 자 안에서 모든 것을 할 수 있다"고 말씀한다(빌4:13). 사람들은 "하나님은 모든 것을 하실 수 있다"고 하지만 성경은 "그분은 악을 행하지 않으신다"고 한다. 사람들은 "하나님은 모든 곳에 계신다"고 하지만 성경은 "하나님은 거룩한 곳에 계신다"고 한다.

　예배할 수 없는 곳을 떠나 예배하기에 가장 합당한 곳으로 가는 것은 작은 희생이다. 이런 희생 없이는 누구도 예배할 수 없다. 캘

빈 밀러는 "그리스도 안에서의 삶은 자기희생이라는 강인한 골격을 통해 유지되는 따뜻한 유기체적 삶이다"고 했다. 하나님의 백성에게는 이런 유기체적인 삶이 계속되어야 한다. 하나님은 이렇게 예배드리려는 사람들을 만나주신다.

2. 거룩한 제사를 드리는 백성

체코슬로바키아가 공산주의 통치하에 있을 때 요셉 케이보라는 목사가 있었다. 그의 아버지는 학교에서 공산주의를 가르치는 선생이었다. 어머니는 독실한 크리스천으로 주일 아침이면 3시간 기차를 타고 프라하로 가서 2시간 30분 동안 예배를 드리고, 공원에서 점심을 먹은 다음, 다시 2시간 30분간 예배드리고 3시간 걸려 다시 집으로 돌아오곤 했다. 어머니에게 왜 그렇게까지 하시냐고 물으면 "그곳에 가야 예배드릴 수 있기 때문"이라고 했다. 이처럼 한 번의 예배를 위해 엄청난 대가를 지불하더라도 진정 하나님을 예배할 수 있는 곳에 가서 예배해야 한다.

"그곳에 가야 예배드릴 수 있어요"

날이 갈수록 희생 없는 예배가 유행이다. 봉헌과 봉사의 희생이 사라지고 있다. 성도로서 책임을 다하기보다 익명성을 보장받으려는 '숨은 그리스도인'이 늘어간다. 하나님과의 만남만 극대화되고 사람과의 만남은 희미해지거나 도리어 소원해지는 일들이 일어나기도 한다.

포스트모던 시대에는 명목상의 그리스도인들이 늘어나고, 기독교가 상징화된다. 기독교인이라고 하지만 교회출석은 하지 않고, 기독교의 교리와 예전도 상징으로 남게 될 것이다. 현대인들은 "뭘 교회까지 가냐" "가까운 데는 교회가 없냐"고 말한다. 집에서 혼자 예배드려도 된다고 말한다. 인터넷에서도 훌륭한 교회를 만나고 좋은 설교를 많이 들을 수 있다고 한다.

그러나 하나님의 임재가 없이 예배는 불가능하다. 예배에는 찬송과 회개와 감사와 희생이 있어야 한다. 또한 성도의 교제가 반드시 필요하다. 폴 투르니에는 "혼자서 할 수 없는 것이 둘 있다. 하나는 결혼이고, 또 하나는 그리스도인이 되는 것이다"라고 말했다.

거룩한 예배를 받으시는 하나님

하나님이 애굽에 있던 백성들을 광야로 이끄신 것은 제사가 거룩하기 때문이다. 하나님은 모세에게 "나의 산에서" 희생을 드리라고 강조하신다. 하나님은 모세를 하나님의 산에서 만나셨고, 그곳은 거룩한 산이었다. "네가 선 곳은 거룩한 땅이니 네 발에서 신을 벗으라"(출3:5). 모세를 첫 대면하신 하나님은 "너희가 이 산에서 하나님을 섬[길]"(출3:12) 것이라고 하신다. 거룩하신 하나님은 거룩한 제사를 거룩한 산에서 드리게 하신다.

이 모든 것들은 하나님께서 거룩하시기 때문이다. 하나님은 "내가 거룩하니 너희도 거룩하라"(레11:44-45, 벧전1:16)고 하신다. 하나님이 거룩하시기에 하나님의 이름도 거룩하시며(겔39:7), 하나님의 율법이 거룩하시며(롬7:12), 하나님의 회막이 거룩하시며(출29:43-44), 하나님의 안식일이 거룩하다(출20:11, 겔20:20). 하나님은 거룩한 산에서 첫 열매와 성물을 받으신다(겔20:40).

'거룩'의 사전적 의미는 "신의 세계에 속하여 성스럽다" 혹은 "훌륭하고 고귀하다"는 뜻이다. 여기에는 "잘라서 떼어놓다"라는 의미가 내포되어 있다. 이 단어의 어원은 '베어내다'라는 의미를 가진 고대어에서 파생되었다. 거룩은 분리이다. 이는 창조자와 피조자, 하나님과 인간 사이의 분리를 의미한다. 거룩해진다는 것은 세상으로부터 따로 떨어져 구별되는 것이며, 탁월하고 비범해지는 것을 의미한다. 일상에 속한 모든 것이 하나님을 위해 구별된 것일 때에는 거룩하지만, 종교적인 목적으로 준비된 것이라도 구별된 것이 아니면 거룩하지 않다.

또한 거룩은 인격적인 개념이다. 성경 곳곳에서 하나님은 거룩하신 분으로 나타난다. 예수 그리스도는 신약성경에서 거룩한 자로 묘사된다. 신약에서는 마귀도 예수를 거룩한 자로 불렀고(막

1:24, 눅4:34), 베드로는 예수님을 '하나님의 거룩한 자'라고 고백했다(요6:69).

하나님이 거룩하시기에 하나님의 사람은 거룩해야 한다. "너희는 나에게 거룩할지어다 이는 나 여호와가 거룩하고 내가 또 너희를 나의 소유로 삼으려고 너희를 만민 중에서 구별하였음이니라"(레20:26). "하나님의 뜻은 이것이니 너희의 거룩함이라"(살전 4:3). "여러분의 몸을 거룩하게 하여 하나님께서 기뻐 받으실 산 제물로 드리십시오. 이것이 진정한 예배입니다"(롬12:1, 현대어성경). 하나님이 기뻐하시는 제사는 거룩하신 하나님께 거룩하게 구별된 성도들이 거룩한 제물로 드리는 제사이다.

게리 토머스가 말한 대로 경건한 거룩이란 관계가 거룩한 것이다. 그리고 경건한 거룩의 핵심은 사랑의 하나님을 만나는 데 있다. 우리의 삶 속에서 이루어지는 하나님의 강력한 임재를 경험하는 것이다. 하나님을 떠나서는 거룩이 없다. 그리스도 없이는 거룩이란 없다. 거룩은 하나님의 성품이며 하나님을 추구하는 우리의 자세가 되어야 한다. 거룩함은 오직 하나님과 같이 되고 하나님을 닮고자 하는 것이다. 그러므로 기독교는 사랑과 동시에 하나님의 거룩하심이 우리를 통해 드러나야 한다.

3. 역동적이며 동시에 경건한 예배

히브리서 11:4절은 "믿음으로 아벨은 가인보다 더 나은 제사를 하나님께 드림으로 의로운 자라 하시는 증거를 얻었으니"라고 한다. 아벨은 예배를 통하여 인정받았다. 예배는 구원의 목적이므로 구원받은 자는 반드시 예배해야 하며 예배를 통하여 비로소 하나님의 사람으로 인정받는다.

예배의 공동체성

이러한 예배의 경험은 개인적인 것만이 아니다. 구약의 출애굽은 이스라엘이 애굽에 내려지는 열 가지 재앙을 함께 목격하면서 이루어졌고, 신약의 오순절 성령강림은 성도들이 함께 기도하면서 시작되었다. 이른 아침에 만나를 거두는 것도 공동체의 경험이었다. 이처럼 하나님의 백성들은 공동체적인 경험을 했다. 이것이 예배이다. 예배는 공동체적 경험이다. 교회가 예배를 드리는 것이 아니라 예배를 통해 교회가 교회되는 것이다.

칼 바르트는 "하나님을 예배하기 위해 모이는 것이야말로 신앙의 모든 여정에서 핵심이며 전제가 된다"고 했다. 어느 신학자는 "예배는 교회의 현현이다"라고 했다. 교회에서 나타날 수 있는 것은 예배이다. 예배는 가장 중요한 삶이다. 예배는 교회의 존재 이유이자 목적이다.

이것이 예배다

예배의 문자적 의미는 꿇어 절하는 것이다. 예배를 의미하는 히브리 단어 '히스타하바'(histahabah)는 존경과 겸손의 표시로 "하나님께 꿇어 절하다"라는 의미이며, 또 다른 단어 '아보다'(abodah)는 섬김 혹은 봉사를 의미한다. 신약의 '프로스퀴네오'란 단어 역시 '경배하다'란 의미를 가지고 있다. 라틴어의 '라트레이아'(latreia)라는 단어는 '섬김'이란 뜻이다. 사람이 공동체를 위해 행하는 일을 의미한다.

이 말은 또한 오늘날 우리가 하나님께 드리는 경배의 섬김을 의미한다. 이 말은 '예배의식'(liturgy)이란 단어의 어원이다. 이렇게 볼 때 예배란 문자적으로 하나님을 섬기고 깊이 엎드리는 자세를 가리킨다. 하나님께 존경과 겸손을 표시하여 하나님을 인정하는 일이 예배이며 진정한 예배란 입술로 하나님을 찬양할 뿐만 아니라 우리의 삶으로 그를 섬기는 것이다.

예수께서 사마리아에서 한 여인을 만나시는 장면을 보자. 이 여인과의 대화에서 예수님은 예배에 관해 말씀하신다. 사마리아인들은 무지 가운데 예배를 드렸다. 그들은 모세오경만을 경전으로 믿고 선지서는 보지 않았다. 시편은 아예 읽지도 않았다. 그들에게는 영적 지식이 제한되어 있었다. 그래서 예수님은 "너희는 알지 못하는 것을 예배한다"고 하신 것이다.

예수님은 그들에게 올바른 예배가 무엇인지를 가르치신다. 요한복음 4:24절은 "하나님은 영이시니 예배하는 자가 영과 진리로 예배할지니라"고 하셨다. 영과 진리로 드리는 예배는 본래의 마땅한 자세로 그분을 예배하는 것을 뜻한다. 하나님을 하나님으로, 우리를 우리로 인정한다는 말이다. 또한 우리의 본성이 하나님과는 완전히 반대란 사실을 인정한다는 의미이다. 성령이나 진리가 아닌 자기만족의 예배, 자기 위안의 예배, 이런 예배는 참 예배가 아니다.

영으로 드리는 예배

예배의 첫 번째 핵심은 역동성이다. 하나님은 영이시다. 예배는 하나님의 영과 인간의 영이 만나는 때이다. 육성(肉性)이 가득한 상태에서 드리는 예배를 하나님은 받지 않으신다. 파스칼은 "사람은 누구나 다 하나님을 찾고 있다"고 했다. 사실은 인간이 하나님을 찾는 것이 아니라 하나님이 인간을 찾으신다(요4:23). 하나님이 사람을 찾으시고, 인간이 하나님을 찾는 이 만남이 예배이다.

예배는 살아있어야 한다. 영이 살고, 말씀이 살고, 살아 움직이는 예배가 참 예배이다. 예배는 경축이다. 우리에게 보여주신 하나님의 사랑과 능력에 대한 경축이다. 예배는 영접이다. 예수님을 보내주신 하나님의 은혜에 대한 영접이다. 예배는 드림이다. 우리의 삶 전체를 하나님께 제물로 드리는 것이다. 예배는 생활이다. 하나님의 뜻대로 실천하며 사는 생활 자체가 예배이다.

성령 강림은 오순절의 전혀 새로운 체험이었다. 바람 같은 성령님이 온 방에 가득했다. 성령께서 불의 혀 같이 갈라지는 듯 싶더니 각 사람 위에 임하셨다. 바람은 온 땅에 가득한 성령의 보편성을 상징한다면 불은 각자 위에 임하는 개별성을 뜻한다. 바람과 불은 큰 힘을 가지고 있다. 불은 바람이 있으면 더 활활 타오른다. 예배는 바람과 불의 힘으로 역동적이 된다. 이 신비한 성령의 체험이 예배이다. 예배는 이 신비한 체험이 있어야 한다.

현대는 감동의 시대이다. 사람들은 감동을 받아야 움직이고 변화한다. 〈대장금〉〈내 이름은 김삼순〉〈장미빛 인생〉〈주몽〉 등의 드라마가 시청률 50%대를 유지하며 엄청난 인기를 끌었다. 〈실미도〉〈태극기 휘날리며〉〈왕의 남자〉 등의 영화는 천만 관객을 돌파했다. 이들 드라마와 영화의 주연들은 드라마와 영화가 끝난 후에는 CF대박이 난다. 드라마의 내용과 인물들은 사회 이슈가 되기도 하고 정치적으로 사용되기도 한다.

그런데 문제는 엉뚱한 것에는 쉽게 눈물을 흘리고 감동을 받으면서 성령과 진리로 인한 변화에는 무덤덤하다는 것이다. 예배에는 시큰둥하고, 영화나 드라마에는 감동을 받는다. 성경공부나 기도회에서는 기대하는 바가 없고, 건강강좌에는 귀를 쫑긋 세운다.

기독교는 이런 세태에 대해 고민이 많다. 사람들이 드라마에도 빠지고, 인터넷에도 빠지고, 유행에도 빠지는데 왜 예배에는 좀처럼 매료되지 않을까 하는 자책이다. "생명의 말씀"(빌2:16)을 지닌 우리가 왜 감동을 주지 못할까 하는 서글픔이다. 그러나 분명한 것은 하나님의 영을 만나면 사람은 감동하게 된다는 것이다.

하비 콕스는 "개신교가 축제성을 상실한 다음부터 하나님이 죽었다는 신학이 나왔다"고 했다. 예배에서 성령이 주시는 감동을 회복하는 것만이 개신교가 다시 활력을 얻는 길이다. 개신교의 예전은 지나치게 교회의 전통을 배제한 느낌이 있다. 종교개혁 후에 교회의 좋은 전통도 너무 많이 포기했다. 성례전을 배제한 말씀중심의 예배로 인해 예배가 건조하게 된 부분도 있다. 이런 점들이 교회의 '신비'를 벗겨버리고 무종교인들로 하여금 개신교에 대한 관심을 상실하게 하는 한 가지 이유가 되었다. 시편 149편이 가리키듯이 찬양과 예배는 완전히 축제이다. 우리나라 개신교는 역동성이 있는 예배로 회복되어야 한다. 예배는 역동성이 있어야 참 예배이다.

진리와 함께 드리는 예배

예배의 두 번째 핵심은 경건성이다. 참 예배는 진리의 예배이다. 진리는 말씀이다. 말씀이 살아 있고 바르게 선포되는 예배가 참 예배이다. 예수님은 원래 말씀이시다. "말씀이 육신이 되어 우리 가운데 거하시매 우리가 그의 영광을 보니 아버지의 독생자의 영광이요 은혜와 진리가 충만하더라"(요1:14). 우리가 이 말씀대로 살게 된다면 진리를 알게 된다. "너희가 내 말에 거하면 참으로 내 제자가 되고 진리를 알지니 진리가 너희를 자유롭게 하리라"(요8:31-32). "그들을 진리로 거룩하게 하옵소서 아버지의 말씀은 진리니이다"(요17:17). 진리의 예배는 하나님의 말씀이 살아있는 예배이다. 모든 예배의 순서가 말씀이 살아 있는 말씀의 해석이어야 한다. 이런 예배가 경건성이 있는 예배이다.

맥스 루케이도는 "예배란 하나님의 위대하심을 높이는 행위이다. 하나님에 대한 우리의 시야를 넓히는 행위이다"라고 했다. 하나님을 알고 이해하는 행동이다. 또한 고든 맥도날드는 이렇게 말했다. "예배는 우리의 지적 굶주림을 충족시킬 만큼 사려가 있어야 합니다. 그렇다고 그것이 강의로 바뀌어야 한다는 것은 아닙니다. 예배는 우리의 피곤함과 실패에 응하면서 생명을 살리는 것이어야 합니다. 그렇다고 이것이 그룹 치료강의가 되라는 말은 아닙니다. 진실로 예배는 열정과 비전을 불어넣는 생명력으로 흘러 넘쳐야 합니다." 예배는 영과 진리가 늘 충만해야 한다는 것이다.

영과 진리가 만나다

창세기 28장에는 야곱의 하나님 임재 체험이 기록되어 있다. 그는 홀로 도망하다 벧엘에서 밤을 지낸다. 허겁지겁 홀로 도망하는 줄 알았는데 하나님이 거기 계셨다. 하나님이 거기까지 인도하신 것이다. 이것은 그에게 있어 전혀 새로운 경험이었다. 그는 "내가 알지 못했지만 하나님이 여기 계십니다"라고 고백한다. 예배는 인간을 향하신 하나님의 역사에 대해 우리가 하나님께 응답하는 행위다. 참 예배에는 하나님을 대면하는 경험이 꼭 포함된다.

이런 예배를 통해 사람들은 하나님의 임재를 체험한다. 인간이 하나님께 영광을 돌리고 하나님을 높일 때 하나님은 임재하신다. 하나님이 영광을 받으시는 것은 하나님을 하나님으로 인정할 때인데, 예배를 통해 이것이 이루어진다. 이러한 일을 위해서는 하나님과 만나는 일이 절실히 필요하다. 하나님과의 만남과 그분의 임재가 없는 예배는 참 예배가 아니다.

조나단 에드워즈는 "신령한 은혜는 반드시 거룩한 정서를 동반한다"고 했다. 하나님 임재 경험, 사죄 체험은 거룩한 기쁨이 되어 우리로 하나님 앞에서 살아가게 한다. 또한 예배의 모든 순서 즉 찬송, 기도, 봉헌, 설교, 교제, 광고, 모두는 거룩하고 하나님의 임재를 체험할 수 있는 기회가 된다. 설교는 하나님에 대해 말하는 시간이 아니라 하나님이 말씀하시는 시간이다. 영적인 예배는 하나에서 열까지 다 하나님의 임재에 대한 연습으로 이루어진다.

또한 예배는 하나님과 사람이 하늘과 세상 사이에서 만나는 것이기도 하다. 존 스토트는 예배를 "두 세상 사이에서"(Between two worlds)라고 표현했다. 새로운 시대의 예배는 삶의 현장 속으로 들어가야 한다. 참 예배는 영혼을 사랑하고 사람을 위로한다. 이 시대는 위로와 임재가 있는 예배가 필요하다.

우리의 예배는 역동성과 경건성을 갖춘 임재를 체험하는 예배여야 한다. 상징과 의미가 조화된 예배이어야 한다. 말씀과 성례가 조화된 예배이어야 한다. 영상예배가 아니라 영성을 돕는 영상이 있는 예배이어야 한다. 축제와 경건이 조화된 예배이어야 한다. 목회자와 회중이 함께 참여하고 창출하는 예배이어야 한다. 우리의 몸을 거룩한 산제물로 드리는 영적 예배이어야 한다. 우리의 몸이 제물이 되고, 우리의 삶이 예배가 되어야 한다.

4. 미래교회의 화두는 예배이다

예배는 문화를 포괄한다. 예배에는 고유의 문화가 스며 있다. 아프리카나 인도에서는 예배시간에 봉고와 드럼이 꼭 있어야 한다. 남미에서는 일어나 박수를 치며 1시간 이상 찬송을 계속된다. 예배 문화가 어떠하든지 예배의 원형과 내용을 상실하지 않도록 하는 것이 예배갱신의 과제이다.

포스트모던 시대로 진입하면서 예배 갱신에 관한 관심이 높아졌다. 기성세대와 전혀 다른 문화 코드를 가진 이방인 같은 신세대들을 포용하기 위해 교회가 고민하고 있다. 예배의 내용은 예나 지금이나 미래에도 변함이 없어야 하지만 그 형식은 시대에 따라 변화해온 것이 사실이다. 인간은 문화와 환경이 변해감에 따라 늘 새로운 양식을 받아들이기 때문이다.

예배는 축제다

구미의 많은 성장하는 교회들은 축제적 예배를 지향하고 있고 소그룹 예배가 자리 잡아가고 있다. 이런 교회들은 일반적으로 예배의 경건성보다는 역동성을 강조한다. 대화와 찬양을 선호하는 사람들을 위해 전통 예배 형식에서 탈피하여 축제적인 분위기를 띈다. 윔버의 빈야드교회와 빌 하이벨스의 윌로우크릭 그리고 릭 워렌의 새들백교회 등이 이런 추세를 이끌고 있다. 이런 교회는 청중의 흐름을 파악하고 새로운 세대를 위한 과감한 예배 갱신을 통하여 미국의 신세대들을 사로잡은 대표적 교회라고 할 수 있다.

흔히 '구도자 예배'(Seekers' service)라고 불리는 새로운 예배의 형태는 사회 문화에 익숙한 믿지 않는 젊은 세대에게 접근하기 쉬운 형태를 취하고 있다. 이런 예배는 그들에게 어색하거나 어렵지 않은 예배 용어를 사용하고, 권위적인 복장과 숨 막히는 분위기를 과감하게 탈피했다. 그리고 새로운 장르의 음악이나 영상 그리고 전혀 새로운 양식의 설교를 통하여 축제적 예배를 추구한다. 이런 예배는 기독교에 대한 특별한 지식이 없는 새로운 세대들이 접근하기 쉽게 열려 있기 때문에 흔히 '열린 예배'라고 불리고 있다.

열린 예배는 시대와 문화적인 요소를 예배에 도입한다. 언어로 전하던 메시지를 드라마, 멀티비전 영상, 리듬 악기를 주로 한 밴드 연주 등을 동원하여 신세대의 감각에 맞도록 했다. 열린 예배는 시작과 마침이 자연스럽게 연결되며 예배 인도자가 틀에 얽매이지 않은 새로운 타입을 도입하고 있다. 이런 예배의 형식은 전통적인 예배를 통해서는 좀처럼 흡수되지 않던 청소년들이 회심을 경험하게 되면서 목회적인 관심을 끌기 시작했다.

열린 예배를 주장하는 이들은 이에 대한 성경적 근거로 이사야 66:19절과 시편 96:3,10절, 57:9절, 신명기 26:10,11절 등을 인용한다. 많은 이방 나라들과 객들이 즐거워하며 하나님을 섬기게 될 것이라는 말씀이다. 특히 신명기 26:11절은 "네 하나님 여호와께서 너와 네 집에 주신 모든 복으로 말미암아 너는 레위인과 너희 가운데에 거류하는 객과 함께 즐거워할지니라"고 하신다. 이 말씀은 이방인이 함께 즐거워하면서 하나님께 예배할 것이라는 중요한 근거가 된다. 그리스도를 알지 못하고 교회에 익숙하지 않은 외인들도 함께 하나님을 예배하게 하는 것이 열린 예배의 정신이다.

열린 예배가 나아갈 방향

많은 교회들이 이미 열린 예배를 도입하여 시행하고 있다. 새로운 문화 코드를 가진 신세대들이나 기독교 문화에 어색한 일부 교인들이나 불신자들에게 호응을 받고 있다. 그러나 이에 대한 비판 역시 만만치 않다. 열린 예배는 불신자가 하나님을 예배할 수 있느냐는 신학적 과제에 대한 해답이 옹색하다. 영과 진리로 예배해야 한다는 본질적인 질문에 대해 묵묵부답이다.

이러한 선호와 비판들을 감안하면서도 미래사회는 고대사회의 패러다임으로 다시 회귀할 가능성이 있다. 알리스터 맥그래스는 그의 책《기독교의 미래》(Future of Christianity)에서 "교회가 변함없는 모습으로 남아 있으려면 교회는 변해야만 한다"고 역설한다. 그리고 미래사회는 끊임없이 변화하게 될 것이지만, 그 변화는 과학적 지성주의에 대한 반작용으로 역방향이 될 가능성이 크다.

신학자 하비 콕스는 1960년대 그의 책《세속도시》에서 지성주의의 선두에 섰다. 그러나 이후《하늘에서 내려온 불》(Fire from Heaven)에서는 자신의《세속도시》를 스스로 비판하면서, 그가 21세기의 열쇠를 쥐고 있다고 주장하는 오순절주의로 관심을 돌리고 있다. 기독교의 미래는 더 이상 세속주의가 아니라 오순절주의에 달려 있다고 그는 단언한다. 오순절주의가 성공을 거둔 이유 중 하나는 주류 개신교가 소외당한 사람들의 요구와 열망을 충족시켜 주지 못했기 때문이라고 그는 진단하고 있다. 그는 이러한 전환을 통해 계몽주의와 지성주의를 신학적으로 차단하려고 했다. 계몽주의 이후 기독교는 지성의 영향을 받아 신학을 상아탑에 갇힌 고목으로 만들었으나 이제는 다시 고대로 돌아가려는 시도가 시작되고 있는 것이다.

반면, 열린 예배가 새로운 바람을 일으키는 미국에서도 신세대들이 몰려오는 교회들과 전혀 다른 유형의 보수 대형 교회가 일어나고 있다. 잭 하일스의 제일 침례교회, J. R. 폴크너(J. R. Faulkner)의 하이랜드 파크 침례교회, 모랄 매조리티(The Moral Majority)의 리더인 제리 폴웰(Jerry Falwell)의 토머스 로드 침례교회, 존 맥아더(John McArthur)의 그레이스 공동체교회 등이다. 이들 복고형 교회들이 또 다시 관심을 끌고 있다.

회복되어야 할 것들

이와 같은 시대적 요청 속에서 한국교회의 예배에서 갱신되어야 할 부분들을 점검해 본다.

첫째, 예배 예전(禮典)의 회복이다. 개신교가 상징보다 의미를 중요하게 여기는 것은 사실이다. 그러나 종교개혁 이후 예전의 내용이나 상징이 상실되어 그 의미조차도 약화되는 현상을 빚었다. 상징들이 말씀으로 대치되면서 상징이 무의미하게 되고 예전의 약화는 결과적으로 교회가 약해지는 결과를 낳게 되었다. 이제 예배의 예전은 하나의 프로그램으로 여겨지고 있다. 심지어는 예배 인도자가 "다음 순서로 헌금하는 시간을 갖겠습니다"라는 식으로 말할 때도 있다. 우리는 하나님께 드리는 예배자의 심정으로 진행될 수 있도록 예전을 회복해야 한다. 신학적인 검증을 통해, 개혁 이후 너무나 많이 사라진 교회 예전의 전통들을 되찾는 작업이 시급하다.

둘째, 예배의 영성과 지성의 회복이다. 주님께서 "하나님은 영이시니 예배하는 자가 영과 진리로 예배할지니라"(요4:24)고 말씀하신 배경은 사마리아인들의 무지 때문이었다. 그들은 영적 지식이 제한된 상태에서 그저 열광주의적인 예배를 드릴 수밖에 없었다. 올바른 예배는 영과 진리의 예배 즉 영성과 지성의 예배이다. 영의 예배는 하나님의 영과 인간의 영이 만나는 예배이고, 진리의 예배는 말씀과 지성의 예배이다. 말씀이 살아 있고 바르게 선포되는 예배가 진리의 예배이다.

셋째, 예배의 경건성의 회복이다. 하나님은 주권자이시고 전적 타자로서 존재하신다. 그러므로 주님은 예배의 형식에 구애됨 없이 자유롭게 임재하신다. 예전적 예배이든 최근에 주목받는 열린 예배이든 예배는 경건성을 잃지 말아야 한다. 조용한 것이 반드시 경건한 것은 아니며, 시끄러운 것이 반드시 경건하지 않은 것은 아니다. 단지 모든 예배는 영이신 하나님께 드리는 예배여야 하고, 어떤 찬송이든 하나님께 영광 돌리는 내용이어야 하며, 어떤 설교 형식이든 하나님에 대해 말씀하는 시간이 아니라 하나님이 말씀하시는 시간이어야 한다. 예전과 의미에 충실하고 예배의 흐름이 하나님의 임재를 경험하게 하는 예배가 경건한 예배이다. 피조물인 인간이 창조자 하나님께 드리는 예배에는 최대의 예의와 경외심이 묻어 있어야 한다.

넷째, 예배의 역동성의 회복이다. 예배는 경건성과 더불어 역동성이 있어야 한다. 예전이 약화되고 성례전을 배제한 말씀중심의 예배로 개신교의 예배는 건조해졌다. 상징을 배제하고 의미만 강조하다가 오히려 의미마저 상실한 예배로 변해가고 있다. 시편 149편에 나오는 찬양과 예배는 완전히 축제 분위기이다. 하비 콕스는 개신교의 예배가 축제성을 상실한 다음부터 '하나님의 죽음'의 신학이 나왔다고 했다. 감동이 상실되고 역동성이 없는 예배는 하나님이 죽은 듯이 보이는 것이다. 예배는 기쁨과 감격이 있어야 한다. 예배는 하나님과의 살아 있는 교제를 통해 거룩한 애정(holy affection)을 경험해야 한다.

다섯째, 예배의 공동체성의 회복이다. 많은 사람들이 교회를 완전히 떠나지는 않았지만 교회에 출석하거나 긴 시간의 예배에 참석하는 일조차도 부담스러워하는 시대가 되었다. 이름만 그리스도인이며 실제 그리스도를 닮은 내면은 전혀 없는 사람들이 많다. 또한 사이버 시대의 물결에 따라 함께 드리는 예배보다는 매체를 통해 예배에 참석하는 '나홀로' 신자들이 증가하고 있는 형편이다. 이때 우리에게 시급한 것은 바로 공동체성의 회복이다. 제사와 성막은 이러한 공동체성을 경험하는 좋은 장소였다. 예배와 교회는 공동체성을 경험하는 곳이 되어야 한다. 교회가 예배를 드리는 것이 아니라 예배를 통해 교회가 교회되는 것이다.

여섯째, 예배에 회개가 있어야 한다. 오늘날 예배에서는 예배자의 회개를 찾아보기 힘들다. 설교자도 좀처럼 회개를 외치지 않고,

공중기도자도 회개는 없고 청원으로 가득 찬 기도를 드린다. 그렇지만 구약의 제사는 속죄의 제사였다. 짐승을 잡아 제사장이 손을 얹고 선언할 때에 제사 드리는 자의 죄가 짐승에게 전가된다. 예수께서 십자가에서 희생의 제물이 되신 것도 인간의 죄에 대한 속죄를 의미한다. 예배에는 모름지기 죄에 대한 회개와 죄 사함의 선포가 있어야 한다. 이런 죄 사함의 선포와 확신이 없기에 예배는 형식화되고 삶에서는 죄가 반복되고 있다.

일곱째, 교회의 교회력이 살아 있어야 한다. 교회의 예전은 교회력에 따른 예배를 강조한다. 이런 예배는 성경 사건들을 기억하고 우리 삶 속으로 끌어들이게 되므로 예배자의 신앙생활에 도움을 준다. 성경 사건이란 구체적으로 말해서 그리스도 사건이며 이것이 교회력의 중심이다. 최근 한국교회는 교회력보다 세속력 중심으로 기울어지고 있다. 신년주일, 어린이주일, 어버이주일, 청년주일, 광복기념주일, 추수감사주일은 강조하지만 교회력에 따른 주현절, 승천절, 성령강림절 등은 외면하고 지나치는 경우가 많다. 교회의 예배는 그리스도 사건을 중심으로 한 예배로 갱신되어야 한다.

여덟째, 성례전이 살아 있어야 한다. 성례전을 의미하는 헬라어는 '뮈스테리온'이며 이는 '신비'라는 의미이다. 성례전은 예수께서 주신 약속에 근거하는 것이므로 성경 말씀을 확신할 때에만 가치가 있다. 성경 말씀을 떠나고 믿음이 전제되지 않으며, 성령의 도우심을 의지하지 않는 성례전이라면 미신에 지나지 않는다. 성례전은 은혜 그 자체는 아니지만 은혜의 방편(Means)이요 표시(Sign)이다. 성례전에는 세례와 성찬이 있고, 이 둘은 예수께서 제정하시고 명하신 대로 행하고 기념하는 것이다. 새로운 삶으로 거듭남을 의미하는 세례와 그리스도의 몸과 피를 기념하는 성찬은 말씀과 함께 행해져야 하며 예배에는 반드시 성례전의 의미가 살아 있어야 한다. 어거스틴은 "성찬은 눈에 보이는 말씀이다. 말씀과 성찬은 예배의 두 축이 되어야 한다"고 말했다. 그런데 오늘날의 예배에서는 성찬이 사라지고 그 의미도 제대로 전달되지 않고 있다. 성찬은 그리스도의 희생뿐만 아니라 교회의 공동체성까지 포함하여 풍부한 의미를 가지고 있으므로 그 가치가 예배에 살아 있도록 해야 할 것이다.

교회의 무게중심

예배에는 감격이 있어야 하고, 가슴 벅찬 감동이 살아 있어야 한다고 말한다. 미래교회가 가장 강조해야 할 것이 예배라는 의미이다. 사람들은 예배드리는 일을 점점 홀대하게 될 것이다. 가까운 장래에 본격적으로 시행될 주5일 근무제를 앞두고 교회는 비상이다. 이러한 시대적인 변화로 인해 미래교회는 상대적으로 예배를 더욱 강조할 것이 분명하다. 이때 우리는 주일성수과 예배에 대해 철저히 가르치고 역동성과 경건성이 있는 예배를 드리도록 힘써야 한다. 예배가 그립고 하나님 뵙는 것이 사무치도록 기다려지는 성도들은 이러한 시대변화에 아랑곳하지 않을 것이다.

3부
세상에 양식을 공급하는 교회

믿음이 있는 사람은 순교자가 될 각오뿐 아니라

바보가 될 준비도 해야 한다.

(G. K. 체스터튼)

예수께서 이르시되 나의 양식은 나를 보내신 이의 뜻을 행하며

그의 일을 온전히 이루는 이것이니라 (요4:34)

1. 먹는 문제를 통한 시험

《나는 왜 너가 아니고 나인가》라는 책에서 말하는 인디언들은 욕심이 없고, 베풀기를 좋아하는 성품을 가진 사람들이다. 인디언들에게는 자연에 대한 지혜가 넘친다. "백인들의 끝없는 욕심은 대지를 다 먹어치우는 것도 모자라 끝내 황량한 사막으로 만들고 말 것이다." 가진 것에 만족하고 대지와 친화하며 소유의 삶보다 향유(享有)의 삶을 살 때 비로소 우리는 일용할 양식의 참된 의미를 간직하게 될 것이다. 이러한 모자람 없는 완전한 만족의 삶은 주님이 나의 목자이실 때만 가능하다(시23:1).

만나를 주신 이유

중국은 아마도 요리의 가짓수가 세계에서 가장 많은 나라일 것이다. 요리책에 나와 있는 음식만 3천 가지 이상이다. 오래 전 중국에 갔을 때 요리사에게 그 이유를 물었다. 요리사는 진시황제가 3년 동안 매끼 식사를 다른 음식으로 했기에 궁중요리사들이 전국에서 모든 요리들을 집합했었다고 한다.

반면 수도원에서는 최소한의 음식을 먹는다. 게다가 거의 매일 똑같은 음식이다. 수도사들은 식탐을 금한다. 이집트 사막 수도원에서 내가 경험한 것을 회상해 보면 밀가루 빵과 콩 삶은 것과 올리브가 전부였다. 그런데도 감사하니 그 음식이 꿀맛이었다. 감사하지 못하면 음식에 까다롭지만, 날마다 감사하는 사람에게는 맛없는 음식이 없다. 하나님의 신비가 있으면 소박한 식탁이라도 매일 경이로운 음식이 될 것이다.

하나님은 광야에서 이스라엘 백성에게 왜 만나를 주셨는가? "네 하나님 여호와께서 이 사십 년 동안에 네게 광야 길을 걷게 하신 것을 기억하라 이는 너를 낮추시며 너를 시험하사 네 마음이 어떠한지 그 명령을 지키는지 지키지 않는지 알려 하심이라 너를 낮추시며 너를 주리게 하시며 또 너도 알지 못하며 네 열조도 알지 못하던 만나를 네게 먹이신 것은 사람이 떡으로만 사는 것이 아니요 여호와의 입에서 나오는 모든 말씀으로 사는 줄을 네가 알게 하려 하심이니라"(신8:2,3). 하나님은 광야 길을 통해 이스라엘 백성들의 중심을 달아보신다. 또한 만나를 통하여 하늘에서 내려주시는 하나님의 손길을 의지하게 하심으로써 사람이 육신의 양식만이 아닌 하나님의 모든 말씀을 바라며 살아가도록 하신 것이다. 이런 하나님의 훈련은 만나를 통하여 이루어졌다. 지금도 하나님은 먹는 문제를 통해 사람을 훈련하신다. 먹는 문제에 실패하면 하나님의 훈련에 불합격한 것이다.

내 힘으로 살지 않을 때 부족함이 없다

이스라엘 백성들은 사람 살 만한 곳이 못되는 척박한 곳에서 40년을 살았다. 그런데 그 기간이야말로 가장 은혜롭고 풍부하게 먹고 입을 걱정 없이 살던 기간이었다. "네 하나님 여호와께서 이 사십 년 동안을 너와 함께 하셨으므로"(신2:7) 그들에게는 부족함이 없었다. 그들이 가나안에 들어갈 때까지 이 경이로움은 끊이지 않았다. 이것이 광야교회가 사는 길이다. "사람이 사는 땅에 이르기까지 이스라엘 자손이 사십 년 동안 만나를 먹었으니 곧 가나안 땅 접경에 이르기까지 그들이 만나를 먹었더라"(출16:35).

예수님은 우리에게 "일용한 양식을 주시옵고"라고 기도하라고 가르치셨다. 이러한 일용할 양식의 근거가 되는 것이 만나였다. 하나님은 광야교회에 하루 먹기에 적당한 만큼 부어주셨다. 주님이 이 땅에 계실 당시에는 하루 끼니를 걱정하는 사람들이 많았다. 그들은 하루 벌어 하루 먹어야 하는 삶이었다. 당시 상황은 포도원 품꾼의 비유에 잘 나타난다. 이 기도는 '필요'의 기도이며 개인이 아닌 인류 공동의 기도이다. 내가 먹고 남은 것은 다른 사람을 위해 제공해야 한다. 다른 사람의 먹을 것을 빼앗지 않아야 한다. 이 기도는 초대교회에서 매일 가졌던 성찬식에 사용된 기도문이다. 지나친 것은 미치지 않은 것만도 못하다.

광야에서 이스라엘은 하나님이 공급해주시는 것으로 살았다. 하나님은 만나로 먹는 문제를 해결하셨다. 샘을 팔 수 없고 파도 물이 없는 극한 상황에서 하나님은 그들의 마시는 문제를 직접 해결하신다. 분주한 탈출로 인해 그들은 미처 옷을 준비하지 못했으나 하나님은 그들의 옷이 해어지지 않게 하는 방법으로 해결하셨다. 이처럼 하나님은 때마다 그들의 필요를 채워주셨다. 그리고 하나님은 지금도 생존 문제를 친히 해결하신다.

2. 새벽에 주시는 은혜

날 때부터 시각장애를 가진 한 어린이가 있었다. 부모는 이 아이를 아주 어렵게 키웠다. 의술의 발달로 15세쯤 되는 해에 수술을 하여 아이는 눈을 뜨게 되었다. 새롭게 뜬 눈으로 보는 이 세상은 신비롭다 못해 이상하기까지 했다. 어머니는 어느 날 소년을 아름다운 대자연으로 데리고 갔다. 세상에 태어난 지 15년 만에 보는 자연은 너무나 아름다웠다. 소년은 어머니에게 원망했다. "이렇게 아름다운 세상이 있는지 왜 진작 말해주지 않았나요?" 그때 어머니는 울먹이며 이렇게 말했다. "나도 그러고 싶었지만 아무리 설명해봐도 네가 알아들을 수 있었겠니?"

새벽선물, 만나

날마다 경이로운 삶을 주셔도 게으른 사람은 만나의 신비함을 알지 못했던 것처럼 아무리 경이로운 삶이 앞에 펼쳐져도 눈이 어두운 사람은 보지 못한다. 마음이 둔한 사람은 깨닫지 못하는 법이다. 어니 젤린스키는 말했다. "어제는 역사, 내일은 신비 그리고 오늘은 선물이다"(Yesterday is history, tomorrow is mystery, today is a gift). 사실은 하나님이 주신 우리의 날은 "어제도 신비, 오늘도 신비, 내일도 신비이다."

하나님은 새벽에 일어나 만나를 거두게 하셨다. 해가 뜨기 전에 거두어야 하는 것이 만나였다. 아침까지 남겨두면 벌레가 생기고 냄새가 났고(출16:20), 햇볕이 뜨겁게 쬐면 녹아버렸다(출16:21). 안식일 전날은 만나를 갑절로 거두게 하여 안식일을 준비하게 하셨다. 그리하여 안식일에는 벌레가 생기지 않고 냄새도 나지 않았다(출16:24). 만나는 철저하게 이른 아침에 거두게 하신 새벽의 선물이었다.

새벽에 거두게 하신 이유

하나님께서 새벽에 만나를 거두게 하신 이유가 있을 것이다. 크게 두 가지로 생각해볼 수 있다.

첫째는 이스라엘 백성들의 노예근성을 제거하기 위한 하나님의 훈련이었다. 이스라엘 백성들은 400년 이상을 애굽에서 노예로 살았다. 애굽의 노예 신분이었던 이스라엘 백성들은 자의로 어떤 일을 할 필요가 없는 노예근성에 익숙했다. 주인이 시키는 일만 하면 그만이었다. 그리고 이스라엘은 자연스럽게 애굽 문화와 우상숭배 등을 배운 채로 출애굽했다. 하나님은 이런 그들의 노예근성을 뿌리 뽑기 위하여 새벽에 만나를 거두게 하셨다.

당시 노예는 신분을 상실한 상태에서 단순한 상품으로 평가되었으며 매매와 양도가 가능했다. 관습과 전통에 따라 지역차는 있었지만 노예제도는 세계 어디서나 볼 수 있었다. 아리스토텔레스는 도구가 생명 없는 노예라면 노예는 살아 움직이는 도구라고까지 말했다.

겉으로는 자유롭게 사는 것 같지만 노예근성에 찌들려 사는 사람들은 수없이 많다. 또 치명적인 약점이나 과실이 세상에 노출될까봐 전전긍긍하며 살아가는 경우도 노예상태에 있는 것이다. 스위스의 철학자 겸 작가 앙리 프레데릭 아미엘은 영적 생활이 없는 사람은 환경의 노예라고 했다.

우리는 자신을 노예화하는 것에서 벗어나야 한다. 세상이 주는 거짓된 안전감과 만족스러움 그리고 두려움과 분노, 불안 같은 치유되지 않은 상처 등 우리를 다스리려는 잡다한 감정과 습관에서 해방되어야 한다. 동시에 현대인들을 가장 강렬하게 노예화하는 '유행'이라는 덫에서 해방되어야 한다. 사막의 수도사 카를로 캬레도는 《사막에서의 편지》에서 "유행의 노예는 많은 그리스도인들을 강하게 묶어버리는 악마다"라고 했다.

1세기의 철학자이자 노예였던 에픽테투스는 자기 자신의 주인이 되지 못한다면 어느 누구도 진정한 자유인이라고 할 수 없다고 말했다. 그는 진정한 자유는 단순히 주인에게서 해방되는 것이 아니라 자기 자신의 주인이 되어야 가능하다는 사실을 깨달았다.

둘째는 이스라엘 백성들에게 근면성을 가르치시기 위해서였다. 노예에게는 자발성이 없다. 단지 타의에 의한 복종만 있을 뿐이다. 그에게는 모든 게 단지 주인의 일이다. 이런 노예근성에 익숙한 이스라엘 백성들에게 하나님은 40년 내내 자발적인 근면성을 길러주시기 위해 훈련을 계속하신다. 이전에는 억지로 일하였지만 이제는 자발적으로 일하게 하신다. 이전에는 근면하지 않아도 먹었지만 이제는 근면해야 먹게 하신다.

근면에는 외부로부터 강요된 근면과 내부에서 자발적으로 생겨난 근면이 있다. 오직 자발적이고 마음에서 우러난 근면만이 꿈을 이룬다. 하나님은 이전에 그들 삶을 피폐하게 했던 강요된 근면이나 의무적인 노동에서 벗어나 자발적이고 부지런한 노동을 위하여 새벽 만나를 주신 것이다. 토머스 왓슨이 말한 대로 게으른 사람은 마귀가 역사하기 알맞은 대상이다. 새벽 훈련은 하나님의 사람들이 근면을 학습하게 하고, 스스로 자신의 것을 먹으며 유혹의 대상이 되지 않도록 지켜준다.

사이쇼 히로시는 《아침형 인간》에서 아침을 지배하는 사람은 하루를 지배할 수 있고, 그 하루를 지배하는 사람은 인생을 지배할 수 있다고 말한다. 아침을 잃게 되면 모든 것을 잃는 것이다. 후나이 유키오도 《셀프 매니지먼트》에서 아침에 일찍 일어나면 반드시 인생이 변한다고 한다.

이런 과학적인 증거도 있다. 사람의 맥박은 오전 5시에 가장 빨라진다. 이때는 깊은 잠을 자기에 적당한 시간은 아니다. 오전 5시는 잠들어 있기보다 깨어 있는 것이 효율적이다. 사람의 바이오리듬에 의하면 오전 5시에는 깨어 있는 것이 좋으며 기상 시간을 오전 5시로 정하는 것이 좋다고 한다. 그리고 사람의 두뇌는 잠이 깬 5시부터 1시간 가량이 지난 오전 6시부터 8시까지가 가장 맑아지고 명석해지는 시간이다. 이때의 집중력이나 판단력은 낮 시간의 3배나 된다. 그래서 일본의 다케우치 교수는 오전 5시부터 8시까지를 '시간을 버는 시간'이라고 했다.

최근의 생체 의학적 실험에서도 이른 아침은 인간의 두뇌와 신체 건강에 가장 좋은 시간이라고 한다. 하나님은 이미 광야교회에서 하나님의 백성들에게 가장 좋은 시간을 이용하여 먹게 하고 광야에서의 삶이 지치지 않게 하신 것이다. 새벽에 만나를 거두지 않았더라면 이스라엘 백성들은 멀고 긴 광야의 삶을 건강하게 지내지 못했을 것이다.

영성가 윌리엄 로우는 건강한 그리스도인이라면 아침 일찍 일어나야 한다고 권한다. 그에게 필요한 일이 있어서 일찍 일어나는 것보다 그가 그리스도인이기 때문에 일찍 일어나야 한다. 이처럼 이른 아침을 거룩하게 하는 것은 영적 훈련의 중요한 요소 가운데 하나다. 영성가들은 한결같이 새벽을 영적 훈련의 가장 좋은 시간이라 하였고, 새벽을 거룩하게 하는 것이 영성 훈련이라고 했다. 게리 토머스는 "아침에 일찍 일어나는 것은 우리를 유혹에 빠지지 않게 이끈다"고 했다.

하나님께서는 광야교회의 백성들에게 육체적 건강과 영성적 훈련을 위하여 새벽에 만나를 거두게 하셔서 그들의 영육이 강건하게 하신 것이다. 그들의 육체적, 영적 건강은 40년 광야생활의 성공적 요인이었다.

3. 만나의 기적을 경험하라

어느 사막에서 둥근 천막에 두 명의 보석상인이 들어섰다. 두 상인은 은근히 자기들에게 있는 보석을 자랑했다. 한 상인이 일부러 큰 진주 하나를 떨어뜨리자 그것을 주운 다른 상인은 "아주 작고 흔한 진주군요"라고 말했다. 그 때 옆에서 듣던 아랍 유목민은 웃으며 말했다. "나 역시 당신들처럼 보석에 관심이 많았죠. 그런데 어느 날 사막 한가운데서 모래 바람을 만나 며칠 동안 먹지도 못하고 탈진상태에 빠져 있었습니다. 그러던 중 큰 주머니를 발견하고 혹시 음식이라도 들어있지 않을까 해서 열었는데 진주만 가득했습니다. 그때의 절망감이란 이루 말할 수 없었답니다."

신앙으로 살기 가장 좋은 때

식량 문제가 해결되지 않으면 어떤 것도 인간을 만족시킬 수 없다. 그래서 하나님은 광야교회에 첫 번째 은총으로 만나를 주셨다.

　광야교회 백성들은 광야에서 하나님의 전적인 은혜로 산다. 이스라엘의 전 역사 가운데 광야 생활은 가장 힘한 고난의 생활이었지만 가장 은혜로운 기간이기도 했다. 하나님의 은혜가 아니면 살 수 없는 기간이었고, 아무 것도 가지지 않고 급하게 도망쳐 나온 그들에게 하나님은 광야생활에 필요한 모든 것을 공급하셨다.

　광야교회 백성들에게 필요한 것을 공급하신 것은 하나님의 기적이자 은혜였다. "사람이 자기의 아들을 안는 것 같이 너희의 하나님 여호와께서 너희가 걸어온 길에서 너희를 안으사 이 곳까지 이르게 하셨느니라"(신1:31). "그는 너희보다 먼저 그 길을 가시며 장막 칠 곳을 찾으시고 밤에는 불로, 낮에는 구름으로 너희가 갈 길을 지시하신 자이시니라"(신1:33). "이 사십 년 동안에 네 의복이 헤어지지 아니하였고 네 발이 부르트지 아니하였느니라"(신8:4, 느9:21).

이스라엘의 식음의(食飮衣)

　예수님 당시에 팔레스타인 지방에 사는 이들에게 가장 시급한 생존의 문제는 먹는 문제, 마시는 문제 그리고 입는 문제였다. 이른바 식음의(食飮衣)다. 따라서 예수님은 "염려하여 이르기를 무엇을 먹을까 무엇을 마실까 무엇을 입을까 하지 말라"(마6:31)고 하신다.

팔레스타인의 경우, 가장 심각한 문제는 먹는 것이었다. 성경에는 유난히 기근에 대한 이야기가 많이 기록되어 있다. 아브라함은 기근을 당해 애굽까지 피난을 갔다. 이삭도 아버지 아브라함과 같은 잘못을 범했다. 그도 피난을 가서 아내를 누이라고 속였다. 아내를 누이라고 내어줄 만큼 먹는 문제는 심각했다. 야곱도 흉년을 경험했다. 요셉은 형들에게 팔려 애굽까지 갔다. 요셉이 애굽의 총리가 된 계기는 애굽의 극심한 흉년이 그 시작이었다. 바로의 꿈을 해몽한 뒤 흉년을 대비하기 위한 인물로 그가 선출된 것이다. 이처럼 족장들은 모두 기근을 경험한 인물들이다.

예수님 당시에도 먹는 문제는 심각했다. 보리떡 다섯 개와 물고기 두 마리로 오천 명을 먹이셨고 이와 흡사하게 보리떡 일곱 개와 작은 물고기 두어 마리로 사천 명을 먹이시는 기적을 베푸셨다. 그만큼 먹는 문제는 이스라엘의 생존문제였다. 식량 문제는 광야교회의 심각한 과제였을 뿐만 아니라 미래에도 마찬가지일 것이다.

마시는 물도 예외는 아니었다. 이스라엘은 강수량이 적은 아열대 지대였기에 그들은 항상 물 부족으로 어려움을 당했다. 성경은 야곱의 우물에 대해 소상히 기록하고 있다. 족장 시대에 땅을 파서 물이 나온다는 것은 굉장한 일이었다.

반면 이스라엘 사람들에게는 '주'(住) 문제가 없다. 비가 적게 오는 아열대성 기후였기에 그들에게 집 문제는 그리 심각하지 않았다. 성경에는 한 중풍병자를 친구들이 침상에 달아 지붕을 뜯고 예수님이 말씀하시던 곳에 달아내린 사건이 나온다. 아무나 올라가 지붕을 뜯을 정도였다면 집이 얼마나 허술했는가를 알 수 있다. 집은 그들에게 상대적으로 중요한 문제가 아니었다.

땅에서 솟아나는 것도 하나님의 기적

지금은 작고하신, 신학교에서 교수로 섬기셨던 목사님의 이야기다. 내가 미국 유학을 할 때 함께 한 지역에서 공부하고 사역하셨던 분이다. 그분은 미국에서 공부하던 중 아프리카의 선교사로 4년을 다녀온 적이 있었다. 아프리카 오지에서 사역하는 중 말라리아 같은 열병환자가 끊임없이 발생했다. 병원도 없고, 약도 없는 오지에서 목사님이 할 수 있는 일이라고는 기도밖에 없었다. 안수하며 기도할 때에 열이 떠나고 병자들이 낫는 경험을 수 없이 했다.

선교사역이 끝나고 미국으로 돌아와 어느 교회에서 사역하게 되었다. 어느 날 교우의 가정에 전화를 했는데 마침 아이가 집에 있었다. 열이 나고 아파서 학교에 못 갔다는 것이다. 목사님은 아이에게 안수하며 기도했다. 그런데 아프리카에서는 신유의 은사가 나타났었는데 미국에서는 아무리 안수해도 낫지 않더라는 것이다. 병원도 약도 없을 때에는 기도로 낫게 하셨지만 미국에서는 병원에 가서 약을 써서 낫게 하신다. 약도 하나님의 기적이다.

만나의 기적은 광야교회 사십 년 동안 끊이지 않았다. 가나안 지경에 이르기까지 만나를 먹었다. 그러나 그들이 가나안을 정복하고 열두 지파가 동맹을 맺어 땅을 분할 받아 농사를 지어 수확했을 때 만나는 더 이상 내려오지 않았다. 만나는 광야의 식사였고 정착한 후의 가나안의 식사는 아니었다. 수고해도 먹을 수 없을 때의 만나나 수고해서 먹을 수 있는 곡식이나 똑같은 하나님의 방법이다.

이를 볼 때 하늘에서 내려오는 것만 아니라 땅에서 솟아나는 것도 하나님의 기적이다. 프란시스 맥넛(Francis McNutt)은 자연과 지식 그리고 인간의 의술과 약과 기술도 다 하나님의 기적이라고 말한다. 약이나 의술도 다 하나님이 만드신 것의 한 부분이라는 뜻이다. 모든 약의 재료는 하나님이 만드신 것이다. 인간의 의술도 하나님이 주신 지혜로 개발한 것이다. 모든 것의 근원은 하나님이시므로 하나님의 기적의 한 부분인 것이다. 이처럼 믿음의 눈을 크게 뜨면 하나님의 기적이 보인다.

아무 것도 없는 광야에서 기적을 베푸신 하나님은 현재와 또 앞으로 다가올 사회에서 인간의 두뇌와 이 땅의 소산을 통해 기적을 베푸신다. 하나님은 이것이 기적임을 알기 원하신다.

내가 의뢰하는 양식은?

창세기는 아브라함이 기근을 당한 이유에 대해 자세히 기록하지 않는다. 그러나 시편은 "그가 또 그 땅에 기근이 들게 하사 그들이 의지하고 있는 양식을 다 끊으셨도다"(시105:16)라고 말한다. 하나님은 아브라함이 갈대아 우르를 떠날 때 하나님을 의뢰하던 마음을 잃어버리고(창12:4) 하나님보다 양식을 의뢰했기 때문에 기근을 불러 양식을 끊으셨다. 그리고 하나님을 의뢰하게 하셨다. 하나님보다 사람을 의지하고, 물질을 의지하게 될 때 인간에게는 두려움이 생긴다. 그리고 그 두려움이 커져 하나님을 배반하는 죄를 범하게 된다.

예수님이 오병이어로 5천 명을 먹이신 기적은 당시 백성들뿐만 아니라 제자들에게도 엄청난 충격이었다. 복음서에 기록된 예수님의 기적은 자연에 대한 기적이 9가지, 사람에 대한 기적이 26가지로 모두 35가지이다. 이 가운데 4복음서가 공통적으로 기록하고 있는 기적은 5천 명을 먹이신 기적밖에 없다. 그만큼 이 기적은 당시에 잊을 수 없는 충격적 사건이었다.

요한복음에 나타난 5천 명을 먹이신 기록은 공관복음서와는 차이가 있다. 요한복음에는 예수님이 그렇게 이적을 베푸신 영적 의미가 깊이 있게 설명되고 있다(요6장 참조). 예수님은 구약의 출애굽 백성들이 먹었던 만나의 모형이 되신다. 광야교회에서 하나님의 백성들은 만나를 먹고 살았지만 이제는 예수님의 살을 먹어야 영원히 산다. 광야교회에서 백성들은 만나를 의뢰하며 살았지만 이제는 예수님을 의뢰하며 살아야 한다.

사실 광야교회에서도 백성들이 실제로 의뢰해야 했던 것은 만나가 아니라 만나를 공급하시는 하나님이었다. 하나님은 이스라엘이 하나님만을 의뢰하고 양식을 의뢰하는 사람들이 되지 않게 하려고 매일 양식을 공급하셨다. 양식을 의뢰하지 않게 하려고 많이 거둔 자도 남지 않고 적게 거둔 자도 모자라지 않게 하신 것이다(출 16:18). "그러므로 내일 일을 위하여 염려하지 말라 내일 일은 내일이 염려할 것이요 한 날의 괴로움은 그 날로 족하니라"(마6:34). 만나는 하나님을 의뢰하게 하는 하늘로부터 오는 양식이었다.

4. 미래교회는 양식 문제를 해결해야 한다

미래에는 세계적으로 식량 위기가 올 것이라는 말이 많다. 농촌경제연구원의 보고에 의하면 전 세계 연간 곡물생산은 18억 2690만 톤에 불과한 반면 소비는 19억 3210만 톤이라고 한다(2004년도). 생산이 소비에 비해 1억 톤이나 부족한 형편이다. 이런 추세라면 세계적인 식량위기가 발생할 수도 있다고 경고한다.

식량문제 해결책

이러한 식량문제를 해결하는 방법이 세 가지 있다. 이것을 '3M 방법'이라고 부르는데, 첫째는 맬더스의《인구론》에 의한 식량 수급 방안이다. 그는《인구론》에서 빈곤과 악덕의 원인이 인구의 과잉 증가라고 보았다. 인구는 기하급수적으로 증가하나 식량은 산술급수적으로 증가하므로 필연적으로 인구와 식량 사이의 불균형이 발생할 수밖에 없으며, 여기에서 기근과 빈곤 그리고 악덕이 발생한다고 주장했다. 그는 이러한 불균형과 인구증가를 억제하기 위해 결혼을 연기하여 출산율을 감소시키는 등의 도덕적 억제가 필요하다고 했다. 그러나 이런 주장은 식량문제를 해결하는 근본 방안은 되지 못했다. 더구나 그가 《인구론》 원본을 마지막으로 수정하던 1825년 당시의 세계 인구는 10억 명에 불과하여 별 실효를 얻지 못했다.

두 번째 M은 막스주의이다. 칼 막스에 의해 주창된 막스주의는 사유재산제 대신 재산의 공유를 통해 계급 없는 평등사회를 이루려는 사상 및 운동이었다. 막스의 이론은 공산주의의 발전에 크게 공헌했다. '공산주의'의 라틴어 어원인 '콤무네'(commune)는 다른 사람과의 나눔, 사귐을 뜻하는 말로써 공동체의 재산이 구성원 모두에게 속하는 제도를 일컬었다. 막스주의는 모든 사람에게 빵을 골고루 먹게 하겠다고 공언했지만** 결국엔 모든 사람이 빵을 먹지 못하게 됐다. 막스주의는 70년 만에 막을 내렸다. 두 번째 M도 인간의 식량문제를 해결하지 못했다.

---

*맬더스는 케임브리지 대학을 졸업한 후 영국국교회의 목사가 되었다. 이 시기에 주요저서인 《인구론》(An Essay on the Principle of Population)을 집필하였고 동인도 대학에서 경제학 및 근대사 교수를 지냈다.

**막스는 자본주의를 크게 두 가지로 비판했다. 첫째는 자본의 집중을 일으키는 시장의 경향이며, 둘째는 초과생산에 따른 수요공급의 불균형이다. 막스주의는 인간의 기아를 비롯한 비극은 자본주의 체계가 필연적으로 가질 수밖에 없는 계급투쟁과 인간 소외로 인한 것이므로 자본주의를 붕괴시키는 것이 기아 문제를 해결하는 근본책이라고 생각했다.

세 번째 M은 기독교적 선교이념(Missionary)을 통한 해결방법이다. 이 이론은 남을 도와주고 나누어주고 베푸는 것이 기아를 해결하는 길이라고 가르친다. 이런 마음 없이는 절대로 균등하게 물질을 분배할 수 없다. 실제로 지구는 현재 인구의 두 배가 되어도 인류가 서로 공존하는 법만 배우면 얼마든지 살 수 있다고 한다. 지구는 120억이라는 인구가 살기에도 넉넉하다는 것이다. 인간의 소유에 대한 욕망과 착취는 또 다른 다수가 기근 속에 살게 한다.

미래의 지구는 요셉의 지혜가 절실하게 필요하다. 요셉은 히브리인으로 애굽의 총리가 되었다. 그가 총리가 된 것은 다가올 미래의 흉년을 대비할 수 있는 대안이 있었기 때문이었다. 그는 애굽인들을 기근에서 구하기 위해 새로운 농경정책을 세웠다. 그러나 그의 정책은 애굽인뿐 아니라 자기 가족을 기근에서 구할 수 있는 구명정책이 되었다. 남을 위하면 자신에게 덕이 되는 법이다.

영혼의 허기를 채우는 만나

단지 먹고 배부른 것이 만나를 주신 목적이 아니었다. 이는 예수님의 말씀에도 잘 나타나 있다. 보리떡 다섯 개와 물고기 두 마리로 기적을 베푸신 예수님은 그들에게 다소 맥 빠지는 말씀을 하신다. "너희 조상들은 광야에서 만나를 먹었어도 죽었거니와"(요6:49). 예수께서는 단순히 배불리 먹는 것이 전부가 아니라고 하셨다. "내가 곧 생명의 떡이로다 … 이는 하늘에서 내려오는 떡이니 사람으로 하여금 먹고 죽지 아니하게 하는 것이니라 나는 하늘에서 내려온 살아 있는 떡이니 사람이 이 떡을 먹으면 영생하리라 내가 줄 떡은 곧 세상의 생명을 위한 내 살이니라 하시니라"(요6:48,50,51). 예수님은 자신을 나눠주시려고 오셨다.

하나님도 이미 이스라엘 백성들에게 같은 말씀을 하셨다. "너를 낮추시며 너를 주리게 하시며 또 너도 알지 못하며 네 열조도 알지 못하던 만나를 네게 먹이신 것은 사람이 떡으로만 사는 것이 아니요 여호와의 입에서 나오는 모든 말씀으로 사는 줄을 네가 알게 하려 하심이니라"(신8:3). 만나를 주신 것은 말씀으로 살게 하려 하심이었고, 그들을 낮추셔서 복을 주시기 위함이었다(신8:16).

만나 요리하기 : 굽기, 삶기, 간수하기

이스라엘 백성들은 광야에서 40년 동안 만나를 먹고 살았다. 그렇지만 영적인 실재로 볼 때, 그들은 하늘에서 내려온 만나가 아니라 하늘에서 내려온 신령한 말씀으로 산 것이다. 그리고 하나님은 만나를 입맛대로 먹게 하셨다. 굽기도 하고 삶기도 하여 잘 간수하라고 하신다.

이처럼 재료는 하나님이 주시지만 요리는 우리 몫이다. 재료를 가지고 우리가 요리해야 한다. 하나님께서 말씀을 주시지만 그 말씀을 잘 이해하고 적용하여 묵상하는 것은 우리 몫이라는 의미다. 같은 성경을 읽고 같이 선포되는 말씀을 듣는데 모두는 다른 말씀으로 먹는다. 이것이 말씀의 신비다.

사실, 하나님은 광야교회 백성들에게 만나를 주실 뿐만 아니라 요리법과 간수법까지 가르쳐 주셨다. 안식일 전날에는 갑절의 만나를 거두어 안식일을 위해 구울 것은 굽고 삶을 것은 삶고 그 나머지는 다 간수하라고 하신 것이다(출16:23).

만나를 '굽는 것'은 말씀을 이해하는 것에 비유된다. 가장 기본은 이해하는 것이다. 말씀을 깨닫는 것은 말씀을 간직하는 첫걸음이다. 예수님은 말씀을 쉽게 깨닫게 하려고 비유로 많이 말씀하셨다. 파울로 코엘료는 《연금술사》에서 "하나의 언어를 이해하라. 이해하면 연금술사가 된다"고 한다. 우리가 이해해야 할 하나의 언어는 '그리스도'이다. 우리가 성경 말씀을 이해할 수 있는 것은 그리스도 때문이다. 모든 성경은 그리스도 없이 이해될 수 없다. 프랑스의 사상가 르낭은 "모든 역사는 그리스도 없이 이해될 수 없다"고 했다. 예수님께 초점을 맞추어야 성경은 이해될 수 있다. 말씀을 이해하면 그 해석도 가능하며 말씀을 마음껏 응용할 수 있다.

다음으로, 만나를 '삶는 것'은 말씀을 해석하는 일과 같다. 예수님은 기적을 베풀거나 말씀을 전하신 후에 대부분 제자들과 홀로 있을 때 그것을 해석해 주셨다. 구약의 서기관들은 성경을 해석하는 직책을 가진 사람들이었다. 초대교회에서는 강독자(Rector)라는 직분이 말씀을 읽고 해석해 주는 역할을 담당했다. 잘못된 해석은 말씀을 본질에서 완전히 벗어나게 하므로* 해석 또한 중요하다. 말씀의 해석은 신령한 지혜를 갖고 하는 것이다.

만나를 '간수하는 것'은 말씀을 묵상하는 것에 해당된다. 말씀을 잘 간수하고 내 것으로 간직하는 것은 최종 단계이다. 말씀을 이해하고 잘 해석하려는 이유는 말씀을 내 것으로 간수하기 위한 것이다. 간수하는 것은 꾸준히 말씀을 묵상하는 것을 의미한다. 말씀을 묵상하면 말씀이 간수된다. 시편 1:2절에는 말씀을 묵상하는 사람에게 복이 있다고 말한다. "오직 여호와의 율법을 즐거워하여 그의 율법을 주야로 묵상하는도다." 말씀을 묵상하는 사람은 영혼이 평안하며 세상의 욕심에서 떠나고 세상의 악을 멀리하게 된다. 그래서 말씀을 묵상하는 사람은 복이 있다.

말씀을 묵상하면 내 것이 된다. 말씀은 내 것으로 잘 간직하는 것이 중요하다. 말씀을 일시적으로 가질 수는 있지만 말씀을 잘 간직하는 것은 어렵다. 말씀을 품으라(간직하라)는 말은 말씀을 그

---

*교회 역사에서 15세기에 살았던 토르케마다라는 유명한 인물이 있었다. 이 사람은 스페인의 도미니쿠스 교단의 사제였고 수도원의 부원장으로 오랫동안 일했다. 토르케마다는 가톨릭 군주의 비호 하에 엄청난 종교적 횡포를 일삼던 사람이었다. 그는 자신의 편협한 성경해석에 불복하는 사람들을 핍박하고 고문했다. 자신이 말씀을 해석하는 대로 따르지 않는다고 해서 2천 명을 화형시키고, 1만6천 명의 유대인을 스페인에서 추방하기도 했다. 그의 악명이 얼마나 높았던지 그의 이름은 종교적 편협함, 잔인한 광기와 동의어로 사용될 정도였다. 잘못된 성경해석은 이런 엄청난 횡포의 결과를 가져온다.

냥 성경책에만 두고 다니지 말라는 말이다. 분노를 품고 있으면 나도 모르게 화를 내게 된다. 사랑이 담겨 있는 사람은 자연스레 사랑을 전한다. 앙심을 품으면 사람을 죽일 수도 있다. 좋은 것을 품고 다녀야 좋은 것이 나온다. 말씀을 잘 품고 살면 그 말씀이 현실이 되어 말씀처럼 살고, 말씀처럼 은혜 받고, 말씀처럼 복을 받게 되는 것이다.

교회는 세상을 위한 하나님의 빵집

어떤 여인이 예수님께 "당신을 밴 태와 당신을 먹인 젖이 복이 있나이다"라고 말했다. 예수님은 이때 "오히려 하나님의 말씀을 듣고 지키는 자가 복이 있다"고 하신다(눅11:27-28). 교회에 잘 나오고, 어엿한 직분이 있고, 몇 대째 예수를 믿는 것이 중요한 것이 아니라 지금 말씀을 잘 듣고 잘 지키는 자가 복이 있다. 따라서 미래 교회의 핵심과제는 말씀을 자신의 삶의 지표로 삼도록 가르치는 데에 있다.

모든 시대에 있어 교회의 가장 핵심적인 역할은 세상이 줄 수 없는 영적인 허기를 주님을 통해 채워주는 일이었다. 이 일은 앞으로 더욱 중요하게 여겨질 것이다. 사람들은 화려한 물질문명과 쾌락을 누려 보지만 그 안에 참된 만족이 없다는 사실을 알게 되어 점차로 영적인 사람들을 찾아올 것이다. 우리는 주위에서 방황하는 그런 사람들에게 하나님의 양식을 때를 따라 나누어줄 수 있는 진실한 청지기가 되어야 한다(눅12:42, 마24:45).

토미 테니는《하나님께 굶주린 예배자》에서 교회를 재미있게 설명한다. 예수님은 자신을 생명의 떡이라고 하셨다. 또한 히브리어 '베들레헴'은 '빵집'이라는 뜻이다. 나오미 가족들은 '빵집'에 빵이 없어서 모압으로 떠났다. 사람들이 교회를 떠나는 이유도 단순하다. 교회에 빵이 없기 때문이다. 사람들이 술집이나 나이트클럽, 심령술사나 점쟁이에게 가는 까닭이 무엇인가? 살기 위해서이다. 교회가 그들을 만족시키지 못하기 때문에 그런 곳에 가서 살려고 바둥대는 것이다.

예수님이 '빵집'에서 태어나셔서 "내가 곧 생명의 떡이다"(요6:48)고 하신 것은 우연한 일이 아니었다. "나는 하늘에서 내려온 살아 있는 떡이니 사람이 이 떡을 먹으면 영생하리라"(요6:51)라고 하신 말씀은 예수님이 생명이며, 교회가 생명체인 것을 증거하신 말씀이다. 교회는 세상에 빵집이 되고 생명의 빵을 제공하는 곳이어야 한다. 교회는 세상을 향한, 세상을 위한 빵집이어야 한다.

가장 다양한 요리는 말씀의 요리이다. 가장 다양한 맛은 말씀의 맛이다. 말씀은 태초 때부터 있었다. 출애굽 때 구원의 말씀이 있었다. 광야시절에 심판의 말씀이 있었다. 이 모든 것의 이면에는 하나님의 말씀이 있었다. 만나를 내리신 것은 하나님의 말씀이 내리셨다는 의미다.

그런 의미에서 말씀을 어떻게 요리하여 다양한 세대에 적용할 수 있게 하는가가 미래의 목회적, 선교적 과제로 등장하게 될 것이다. 이전 세대에도 말씀을 적절하게 해석하고 적용하는 것이 중요했지만 포스트모던 시대는 더욱 말씀에 대한 새로운 해석을 요청하고 있다.

4부
공동체가 행복한 교회

열심히 헌신의 길을 걸으며 당신을 인도해 줄 선한 사람을 구하라

(프란시스 드 살레)

두 사람이 한 사람보다 나음은
그들이 수고함으로 좋은 상을 얻을 것임이라
혹시 그들이 넘어지면 하나가 그 동무를 붙들어 일으키려니와
홀로 있어 넘어지고 붙들어 일으킬 자가 없는 자에게는 화가 있으리라 …
한 사람이면 패하겠거니와 두 사람이면 맞설 수 있나니
세 겹 줄은 쉽게 끊어지지 아니하느니라 (전4:9-12)

1. 갈등 공동체 이스라엘

이스라엘 백성들은 하나님의 극적인 도우심으로 출애굽에 성공했다. 그들은 기뻐했고 모세와 미리암은 찬송으로 출애굽의 하나님을 찬양했다. 그러나 기쁨은 오래 가지 않았다.

계속되는 불평

출애굽기 15장에는 출애굽의 찬송과 함께 광야에서의 첫 번째 고통이 등장한다. 광야 길을 가던 이스라엘 백성들이 사흘 길을 가도록 물을 얻지 못한 것이다. 간신히 얻은 물은 써서 마시지도 못할 물이었다. 그때 모세는 하나님의 지시대로 한 나무를 던졌고 하나님은 그 물을 단 물로 변하게 하셨다.

르비딤에서는 백성들이 마실 물이 없다고 모세와 다투었다. 그들은 모세와 다투며 "우리 형제들이 여호와 앞에서 죽을 때에 우리도 죽었더라면 좋을 뻔하였다"(민20:3)고 했다. 심지어 백성들은 모세를 죽일 태세였다. "내가 이 백성에게 어떻게 하리이까 그들이 조금 있으면 내게 돌을 던지겠나이다"(출17:4).

하나님이 매일 주시는 만나에 대해 그들은 만족하지 않았다. 애굽에 있을 때에 먹던 생선, 오이, 참외, 부추, 파, 마늘을 그리워하여 매일 같은 음식을 먹는 것에 불평했다. 그들의 끊임없는 불평에 모세는 지쳤고 급기야 하나님께 원망섞인 푸념을 늘어놓았다. "어찌하여 … 이 모든 백성을 내게 맡기사 내가 그 짐을 지게 하시나이까 이 모든 백성을 내가 배었나이까 어찌 내가 그들을 낳았나이까 … 구하옵나니 내게 은혜를 베푸사 즉시 나를 죽여 내가 고난 당함을 내가 보지 않게 하옵소서"(민11:11-12,15).

백성들의 원망과 갈등은 여기서 그치지 않고 광야교회 내내 계속되었다. 가데스바네아에서 하나님은 백성들에게 가나안을 정탐하게 하셨다. 각 지파에서 지휘관 한 사람씩을 선택했고 이들은 각 지파에서 선택된 "각 지파에서 뽑은 이스라엘 백성의 우두머리들"(민13:3)이었다. 한마디로 이들은 각 지파의 리더들이었다. 그러나 가나안을 정탐한 후에 여호수아와 갈렙을 제외한 열 명은 열등감으로 가득 찬 부정적인 보고를 올렸다. 이 보고를 들은 백성들은 소리를 높여 부르짖으며 밤새 통곡했다(민14:1). 백성들은 모세와 아론을 원망하여 애굽 땅에서나 광야에서 죽었으면 좋았을 것이라 했고 애굽으로 돌아가려고 했다. 그들은 여호수아와 갈렙의 보고를 듣고는 오히려 돌로 치려고 했다.

그들의 원망과 불평으로 하나님은 진노하시고 그들에게는 죽음이 찾아왔다. 백성들이 모세를 원망하며 "이 곳에는 먹을 것도 없고 물도 없도다 우리 마음이 이 하찮은 음식을 싫어하노라"(민 21:5)라고 말하는 것을 들으시고, 하나님은 백성들에게 불뱀을 보내셨다. 많은 사람들이 물려 죽어갈 때에 모세는 백성들의 간청으로 하나님께 불뱀이 떠나가기를 구했다. 그때 하나님은 놋뱀을 장대 위에 달아 쳐다보는 사람들은 다 살게 하셨다.

광야교회의 이스라엘 백성들은 문제투성이였다. 그들은 어린아이같이 보채기를 잘 했고, 지도자를 쉽게 비난했으며, 작은 일에도 두려워하고 절망하는 백성이었다. 400년의 노예 생활로 그들은 지시를 받고 행동하는 수동적인 삶에 익숙해 있었다. 삶의 터전을 잃었다는 위기의식은 광야교회 내내 그들을 따라다녔다. 이런 패배의식으로 그들은 40년을 광야에서 방황했으며 충족되지 못한 내면의 공허함은 그들을 갈등 공동체로 만들었다. 그래서 어려움을 직면할 때마다 그들은 지도자를 원망했다.

그들이 불평한 원인

모세는 하나님의 부름을 받고 하나님의 산에 올라갔다. 40일 동안 하나님의 산에 있으면서 그는 십계명과 성막건축에 대한 하나님의 설계도를 가지고 내려온다. 모세를 기다리던 백성들은 모세가 빨리 나타나지 않자 다시 절망했다. 이러한 것들을 볼 때 그들이 원했던 것은 자신을 인도할 신이었다. 그리고 모세가 오지 않자 신을 만들자고 한 것은 모세를 그들을 인도하는 신으로 생각해왔음을 보여준다. 그들의 신은 하나님이 아니라 모세였던 것이다. 백성들은 금송아지를 만들고 아론은 그 앞에 제단을 쌓고 제사를 드리면서, 백성들은 먹고 마시며 뛰놀았다. 하나님께 대한 제사와 이방 신에 대한 제사가 섞여 하나님이 가장 싫어하시는 제사 놀음을 하고 있었다. 이런 혼합주의로 그들은 진멸당했다.

사실 이스라엘 공동체의 광야교회는 갈등과 문제가 끊이지 않았다. 공동체의 이러한 갈등은 미래교회가 짊어져야 할 과제로 남는다. "문제없는 교회가 있다면 거기에 절대 가지 말라. 당신 때문에 그 교회에 문제가 생길지 모른다"는 말이 있다. 사람에게는 누구나 문제가 있으므로 공동체 역시 항상 문제가 있을 수밖에 없다. 그렇지만 문제나 갈등은 공동체가 성장하기 위한 과정이다. 그 문제를 해결해가며 공동체는 새롭게 성장했던 것이다.

2. 사람을 세우는 리더십

인사관리의 기본은 사람을 세우는 일이다. 사람을 잘 세우는 것이 좋은 행정이며 그러면 행정은 쉬워진다. 언제나, 어떤 공동체나 문제는 사람이다. 문제는 사람이 일으키고 그 문제를 해결하는 것도 사람이다. 이것은 광야교회뿐만 아니라 초대교회도 마찬가지였다.

모세의 딜레마

최고 지도자 모세는 백성들의 모든 문제를 홀로 해결해야만 했다. 백성들은 아침부터 저녁까지 모세에게 재판을 의존하였고 모세는 탈진할 지경이었다. 당시에 출애굽한 이스라엘 백성은 전쟁에 나가 싸울 수 있는 장정의 수만 60만 명이었다. 실제는 이보다 훨씬 많았다. 아마도 이스라엘 백성의 수는 300만 명을 상회했을 것이다.

모세는 혼자 거대한 공동체를 이끌어가야 했다. 아무리 절대적인 카리스마를 가진 모세라 해도 300만 명이 넘는 광야교회의 백성들을 혼자서 치리한다는 것은 처음부터 불가능한 일이었다. 광야교회의 최고 지도자인 모세는 "아침부터 저녁까지"(출18:13,14) 백성들의 송사로 시간을 소모하고 있었다. 그 일은 처음부터 모세가 감당할 수 있는 규모가 아니었다. 이 딜레마는 모세 스스로가 자초한 것이다.

뿐만 아니라 모세는 그러한 자신의 열정 때문에 하나님과의 관계가 멀어져 가고 있었다. 모세에게 가장 중요한 업무는 하나님과의 관계 형성이었다. 그는 하나님께서 말씀하시는 내용을 매일 들어야 했고, 출애굽의 주체이신 하나님의 음성에 귀를 기울이는 일이 그의 최우선 업무였다. 이것은 리더의 가장 큰 딜레마이다.

그러나 광야교회는 이 문제를 해결하였다. 모세의 장인 이드로는 이 광경을 보고 광야교회에 모세의 업무를 분담할 중간지도자를 세울 것을 제안했다. 이드로는 백성들 가운데 재덕이 겸비하고

▪ 전투 능력이 있는 장정(출12:37, 민1:3)	600,000명
장정의 아내들	600,000명
한 가정에 자녀가 3명씩 있다고 가정	1,800,000명
생후 1개월 된 남자 아이(민3:39)	약 22,300명
30-50대의 레위 지파(민4:47-48)	8,580명
이 가정의 아이들(평균 3명)	25,740명
* 합계	약 3,056,620명

하나님을 두려워하며 진실한 자를 택하여 천부장, 백부장, 오십부장, 십부장을 세워 그들로 하여금 재판하게 했다. 모세의 일들을 중간 지도자가 대신 할 수 있게 한 것이다. 그리고 중간지도자들이 할 수 없는 일들을 모세가 하게 했다. 모세는 장인의 제안대로 백성 가운데 지도자를 세웠고 백성들은 만족했으며 이드로는 자기 고향으로 돌아갔다. 이것은 교회 인사행정의 성경적 근거가 되고 있다.

사람을 세우는 것의 중요성

신약에도 이와 비슷한 인사관리의 근거를 보여주는 곳이 있다. 초대교회의 인사관리 모형은 광야교회에서 가져왔다. 사도행전 6:1-7절은 인사관리에 있어 가장 분명한 신약적 근거를 제공한다. 예루살렘 교회의 제자의 수가 날로 증가하여 몇 안 되는 사도들은 제한된 시간에 많은 제자들의 필요를 충족시킬 수 없게 되었다. 사도들은 교회 안에서 담당해야 하는 꼭 필요한 기능으로 인해 가장 중요한 말씀사역과 기도를 소홀히 할 수밖에 없었다. 우선순위가 바뀌게 된 것이다.

그러자 헬라 말을 쓰는 유대인들이 매일의 구제(식량배급)에서 자신들의 과부가 제외되었다고 불평하기 시작했다. 말씀을 제쳐놓고 구제에 힘썼지만 돌아오는 결과는 불평이었다. 구제를 앞세웠을 때 예루살렘 교회는 진정한 교회로 설 수 없었다. 사도들은 회중으로 하여금 성령이 충만하고 칭찬 듣는 자들을 선택하게 하여 안수하고 그들로 하여금 구제를 전담하게 하였고 자신들은 말씀과 기도에 전력했다. 그 결과 교회는 성장하게 되었고 많은 제사장들까지도 예수님을 믿게 되었다.

위에서 살펴본 것처럼 구약과 신약에서 보여주는 인사관리에는 공통점이 있다. 우선 사람들이 많아지면서 문제가 발생했다. 사람이 많아지면서 지도자의 업무가 과중해지고, 그렇게 되면 우선순위가 바뀌게 되어 이는 공동체의 치명적 위기로 이어진다. 이에 대한 해결책으로 구약과 신약은 공통적으로 사람을 세운다. 구약은 천부장, 백부장, 오십부장, 십부장과 같은 중간 지도자를, 신약은 일곱 사람을 세웠다. 또한 구약은 모세가 지명했지만 신약은 회중들이 선택했다. 그 결과 백성들은 만족하였고 교회는 성장했다. 이와 같은 인사관리의 성경적 근거를 도표로 비교하면 다음과 같다.

	구약 (출18:13-27)		신약 (행6:1-6)	
문제시작	18:13	사람이 많음	6:1	사람이 많음
문제발생	18:14	업무과중/우선순위	6:1	업무과중/우선순위
문제해결	18:21	지도자 선택	6:3	7사람 선택
선출방법	18:21	모세에 의하여	6:5	회중에 의하여
임직방법	18:25	임명	6:7	안수
결 과	18:27	만족	6:7	교회성장

중간 리더의 조건

모세의 탁월한 인사관리 능력은 장인 이드로의 도움이 컸다. 모세의 카리스마적인 리더십 외에 중간 지도자들의 업무 분담과 충성스런 리더십이 광야교회를 세워나갔다.

모세는 이드로의 제안대로 백성들 가운데서 "능력 있는 사람들 곧 하나님을 두려워하며 진실하며 불의한 이익을 미워하는 자를 살펴서 백성 위에 세워 천부장과 백부장과 오십부장과 십부장을"(출18:21) 삼게 했다.

"하나님을 두려워"하는 것은 하나님의 살아계심을 믿고, 하나님의 속성과 존재를 아는 것을 의미한다. 이는 신앙의 첫 출발이며 하나님이 어떤 분인가를 알고 존재를 인정한다는 의미에서 영성의 기준이 된다.

"진실하다"는 것은 지도자의 도덕적 성숙을 의미한다. 진실은 하나님의 성품이며 거짓 없이 바르고 참됨을 뜻한다. 증인들은 법정에서 "오직 진실만을 말할 것"을 선서한다. 이것이 증인의 본분이다. 광야교회의 일꾼들은 보고 들은 그대로 판단해야 하며 진실을 호도하거나 부풀려서는 안 된다. 어원 루처가 말한 것처럼 거짓의 집은 진실의 바람이 조금만 불어도 여지없이 무너진다. 이것은 광야교회 지도자의 도덕적 기준을 상징한다.

"불의한 이익을 미워하는 자"란 뇌물을 받지 않는 도덕적으로 완벽한 자를 의미한다. 이것은 광야교회 지도자의 도덕적 기준을 정한 것이다. 뇌물은 지도자의 판단을 흐리게 하고 인격을 파탄에 이르게 한다. 뇌물은 인류의 오랜 관행으로서 뇌물 공여는 부정부패의 기준이 되었다. 인간사에서 뇌물이란 고리를 끊는 것은 지극히 어려운 일이었다. 불의한 이익을 미워하는 자는 하나님의 방식대로 정정당당하게 일하게 된다. 광야교회의 지도자는 먼저 이러한 영성과 도덕성이 준비되어야 한다.

이는 초대교회도 마찬가지였다. 사도들은 일곱 집사들을 세워 사역의 한 부분이던 구제하는 일을 분담시켰다. 사도들은 이때 일곱 사람의 자격을 "성령과 지혜가 충만하여 칭찬받는 사람"이라고 제시했다. "성령과 지혜가 충만한 자"는 영성적인 사람을, "칭찬 듣는 자"란 도덕적인 사람을 의미한다. 신약의 초대교회 지도자도 이처럼 영성과 도덕성을 보고 뽑았다.

성경은 천부장과 백부장과 오십부장과 십부장의 자격이 동일함을 가르친다. 그들 모두에게 위에서 말한 영성적, 도덕적 엄격함이 요구되었다. 개인적인 능력의 차이는 있지만 하나님 앞에서의 영성적, 도덕적 자격은 천부장이나 십부장이 다르지 않다.

그러나 현대 교회는 어떠한가? 목사와 장로와 권사와 집사와 서리 집사에게 요구하는 바가 각각 다르다. 목사에게 바라는 영성과 도덕성의 기준은 서리 집사의 그것보다 훨씬 더 높다. 직무에 대한 책임 정도나 신학적인 이해에 있어서는 둘 사이에 어느 정도 차이가 있을 수 있지만 영성과 도덕적인 기준은 동일하게 요청된다. 조지 바나는 "미국 대부분의 교회에는 목사는 있지만 지도자는 없다"는 말도 했다. 지도자는 이 말의 의미를 귀담아 듣고 되새겨 보아야 한다.

3. 아름다운 동역

미래 교회 연구가들이 한결같이 강조하는 세 가지 용어가 있다. 평신도, 영성, 소그룹이 그것이다. 교회를 포스트모던형으로 준비한다는 것은 결국 이 세 가지를 적절하게 이해하고 응용하는 것에 달려 있다. '평신도 소그룹 영성 훈련'은 포스트모던 시대를 위한 가장 적절한 훈련이 될 것이다. 잘 훈련된 평신도는 미래 교회의 주역이 될 것이다.

교회성장 컨설턴트인 칼 조지(Carl George)가 미래형 교회로 부르는 '메타교회'(Metachurch)는 소그룹을 통한 교회활동을 강조하고 목회자는 평신도 훈련을 위한 일에 많은 시간과 힘을 투자하는 구조로 되어 있다.

광야교회 초기에 모세는 모든 문제를 혼자 처리하려 했다. 이것은 불가능할 뿐 아니라 공동체에 유익이 되지 않았다. 공동체를 섬길 수 있는 다른 중간 리더십을 사장시키는 결과를 초래하기 때문이다. 사람들을 좋은 곳에 배치하고 자신의 일을 적절하게 위임하는 지도자가 훌륭한 지도자다.

무대 뒤에 선 영웅

광야교회에서 모세는 중간 지도자들을 세워 자신의 업무를 분담하게 했다. 그러나 그들이 모세와 같은 영적 권위를 지닌 것은 아니었다. 초대교회에서도 사도들은 일곱 집사들을 세워 사도들의 업무를 도와 구제사역을 담당하게 했다. 그러나 일곱 집사들이 사도들과 같은 영적 권위를 가진 것은 아니었다. 모세가 영적 지도자라면 천부장, 백부장, 오십부장, 십부장들은 평신도 지도자였다. 사도들이 영적 지도자라면 일곱 집사들은 평신도 지도자였다. 영적 지도자는 평신도 지도자를 잘 세워 업무를 분담하고 공동체를 유익하게 해야 한다.

최고 지도자에 버금갈 만큼 수고하였지만 제2선에 머문 사람들도 있다. 갈렙이 그런 경우다. 여호수아와 갈렙은 함께 가나안을 정탐했고 하나님을 온전히 따랐지만 이스라엘의 총지도자는 여호수아가 되었다. 만일 갈렙이 불만을 품고 협조하지 않았다면 이스라엘 전체는 심각한 갈등에 휩싸였을 것이다. 그는 여호수아에게 부담이 안 되도록 산지를 택하여 은둔했다(수14:12).

여호수아는 이러한 배려 때문에 소신껏 일할 수 있었다. 가룟유다를 대신할 사도를 택할 때에 유스도도 그랬다. 유스도와 맛디아는 같은 자격을 구비했고 예수님의 세례부터 부활까지 함께 목격한 사람들이었다. 그러나 둘 가운데 맛디아가 뽑혔고 유스도는 제2인자가 되었다. 그렇지만 그는 오히려 제2인자로서 사명을 잘 수행했다.

바나바, 마가, 누가, 디모데, 브리스가와 아굴라 등도 아름다운 동역자들이다. 이들 없이 초대 교회를 생각할 수 없지만 이들은 누구도 자신을 드러내는 일에는 관심이 없었다. 또 이들의 사역과 공헌은 사도들보다 결코 적지 않았지만, 스스로가 큰 이름을 원치 않았고 오직 맡겨진 자신의 일을 묵묵하게 해나갈 따름이었다. 특히 쟁쟁한 동역자들이었던 데마, 그레스게, 디도가 바울을 떠날 때에도 누가는 그의 곁에서 좋은 협력자가 되었다(딤후4:10-11). 그리고 1차 전도여행 도중에 집으로 돌아가 바울을 섭섭하게 하였던 마가도 성장하여 바울은 그를 유익한 사람이라고 부르고 있다(딤후4:12). 이런 인물들은 한결같이 제2선에서 제1선의 사도들을 충실히 도와 교회가 교회답게 만든 모범적 평신도들이었다.

성경은 성직자와 평신도가 아름답게 동역한 사례를 기록하고 있다. 포로기를 거치며 이스라엘 백성의 신앙에는 많은 변화가 나타난다. 70년의 포로기가 끝나고 본국에 귀환할 때 예루살렘의 복원을 위해 성직자와 평신도는 함께 힘쓴다. 스룹바벨은 성직자의 신분으로 예루살렘 성전을 재건하였고 느헤미야는 평신도로서 예루살렘 성벽을 세운 것이 그 예이다.

함께 하나님의 부르심을 받은 자

동역자(synergos)란 '함께 일하는 자' 혹은 '도와주는 자'란 뜻으로 평신도가 성직자와 함께 일하는 자라는 뜻이다. 특히 사도바울에게 동역자는 중요한 존재였다. 초대교회는 가정이 교회의 원형이었고 바울은 교회 공동체 지도자들을 '동역자'(롬16:3, 고후8:23) 혹은 '주의 일에 힘쓰는 자'(고전15:58)라고 불렀다.

바울은 또한 제자들인 디모데(롬16:21), 빌레몬(몬1), 디도(고후8:23), 마가, 아리스다고, 데마, 누가(몬24) 등을 동역자로 불렀고 그밖에도 브리스가와 아굴라(롬16:3), 우르바노(롬16:9), 글레멘드(빌4:3)와 아볼로(고전3:9) 등도 비슷한 호칭으로 불렀다.

이러한 바울의 동역자 개념은 직위의 구분을 완전히 없애고, 하나님이 부여하신 사명과 사역을 함께 감당한다는 사실을 강조한 것이다. 바울의 동역자 개념은 사도와 비사도 간의 차이, 성직자와 평신도의 차이, 나아가 남성과 여성의 차이를 극복하게 했다.

신약성경에서 '시민'은 포괄적으로 하나님의 백성을 지칭했다. 회중과 지도자를 구분할 때도 '라오스' 안에서 말한 것이다. 그런데 초대교회에 교회 제도가 형성되면서 계급도 나타나게 되었다.

특히 교회는 헬라-로마 사회의 도시국가에서 장관과 시민 사이의 관계를 본뜨기 시작했다. '성직자'(clergy)는 '장관'(kleros)이란 말에서 유래하였으며 '평신도'는 '시민'(laos)이란 말에서 유래했다. 가톨릭의 오랜 전통은 교회에서의 성직 계급을 고착화했으며 성직자와 평신도의 차이를 계급화시켰다.

로마교회의 오랜 전통 속에서 평신도는 성직자와 대칭적인 의미를 가진 '일반 교인'이란 의미로 사용되었다. 이에 반해 개신교에서는 성직자와 평신도를 계급적으로 구분하지 않고 기능적으로 구분하여 평신도란 용어를 사용했다. 그러나 엄밀히 말하면 평신도란 하나님의 백성 전체를 지칭하는 말이다. 평신도는 모두 하나님의 일꾼이며 교회의 봉사자들이라는 점에서 성직자와 공통점을 가진다. 교회의 본질적 사명을 위해 평신도는 선교와 교육 등 교회의 다양한 봉사업무들을 수행한다.

지난 세기 동안에는 성직 패러다임이 교회를 지배하던 구조였으나 새로운 세기에는 평신도 사역이 극대화되면서 새로운 구조로 급격히 전환되어 가고 있다. 이전에 단지 목회자와 종속적 관계로서의 협력자였으나 이제 미래 목회에서 평신도는 목회자와 동등한 관계로 동역하게 될 것이다. 미래 교회는 평신도 사역이 극대화되고 평신도 사역을 통한 교회성장을 도모하는 방향으로 나가고 있다.

성경의 팀 모델

성경은 다양하게 팀 모델을 제시한다. 구약에 나타난 전형적인 팀 모델은 모세와 아론이 이룬 팀이다. 하나님은 백성을 구하시기 위해 모세를 부르시지만 모세는 자신의 어눌함을 핑계로 가지 않겠다고 한다. 이때 하나님은 모세에게 아론과 함께 팀을 이룰 것을 명하신다. 모세의 후계자인 여호수아도 혼자 하나님의 백성을 이끌 수 없었다. 그때 여호수아와 갈렙은 특별한 의미에서 팀을 이룬다. 여호수아는 모세의 후계자로 세움을 받고 갈렙은 그에 못지않게 훌륭한 리더십을 가지고 있었지만 여호수아를 위해 스스로 조용히 물러난다. 여호수아가 이스라엘 공동체의 새로운 리더로 우뚝 서기 전까지 여호수아와 갈렙은 분명 최상의 팀이었다.

이스라엘의 4대 사사인 여선지 드보라와 장수 바락은 사사 시대의 대표적인 팀이었다. 이스라엘의 범죄로 하나님은 가나안왕 야빈의 손에 그들을 20년 동안 붙이셨다. 이스라엘이 회개하여 하나님께 부르짖었을 때 주님은 예언자 드보라를 사사로 세우셔서 이스라엘을 구원하신다. 드보라는 바락과 좋은 팀을 이루어 함께 이스라엘에 승전보를 울렸다.

엘리야와 엘리사는 스승과 제자의 관계였으나 그들은 팀으로 움직였다. 엘리야와 엘리사가 살던 시대는 모세의 시대, 예수님과 사도들이 살던 시대와 함께 성경에서 가장 많은 기적이 나타난 시대이다. 그만큼 시대적 상황이 복잡했고, 기적이 아니면 하나님의 말씀을 전달하기 힘든 혼란기였다. 이러한 때에 엘리야와 엘리사 팀은 놀라운 예언자 시대를 열어 가는 주역이 된 것이다.

구약 시대를 살던 이스라엘에게 포로기는 중요한 변화의 계기가 되었다. 에스라는 아론의 16대손 제사장으로 율법학자였다. 함께 귀환한 스룹바벨은 제1차 귀환자의 대표로 유다 총독이었고 흔히 제2의 성전으로 불리는 예루살렘 성전 재건의 중심인물이었다. 이러한 에스라가 종교적인 부분에 충실했다면 느헤미야는 정치적 임무에 전념하였고 성곽 중수에만 관여했다. 에스라와 느헤미야는 귀환자들이다. 이러한 '에스라-느헤미야' 모델은 성직자와 평신도 사이의 팀 모형이다.

신약에서도 이러한 팀 모델은 다양하게 등장한다. 예수님과 제자들이 가장 좋은 모델이다. 예수께서 제자들을 부르신 목적은 "더러운 귀신을 쫓아내며 모든 병과 모든 약한 것을 고치는 권능을 주시"기 위함이었다(마10:1). 마가복음에는 "자기와 함께 있게 하시고 또 보내사 전도도 하며 귀신을 내쫓는 권능도 가지게 하려"함이라고 기록한다(막3:14-15). 이 일은 예수님의 일이었다. 그런데 예수님이 하실 일을 대신하도록 제자들에게 권능을 주셔서 대행하게 하신 것이다. 그런 의미에서 제자들은 예수님이 하실 업무를 대신하고 분담한 예수님의 팀이었다.

베드로와 마가도 팀이었다. 베드로는 예수님의 으뜸 제자였고,

마가는 마지막 만찬을 나누신 다락방의 주인이자 초대 교회의 협력자였다. 기록에 의하면 마가는 베드로의 라틴어 통역자가 되었다고 한다. 마가 없이는 베드로의 사역이 불가능했을 것이다.

누가는 바울과 아름다운 협력자의 관계였다. 재능 많은 누가는 바울에게 큰 힘이 되었을 것이다. 바울과 누가는 좋은 팀이 되어 교회를 세우고 관리하는 사역을 수행했다. 그들의 팀 사역으로 사도행전이 기록되었고 누가는 바울의 건강관리까지 맡았을 것이다.

바울은 누가 외에도 많은 협력자가 있었다. 그는 그들을 '동역자'라고 부른다. 바울 서신에 문안하는 구절이 많은 것도 이 때문이다. 고린도 교회가 파당 때문에 어지러울 때 바울은 "나는 심었고 아볼로는 물을 주었으되 오직 하나님께서 자라나게 하셨[다]" (고전3:6)고 말함으로 아볼로와의 팀 사역을 강조했다.

광야교회의 팀 원리는 미래에도 적용될 수 있는 패러다임이다. 팀의 중요성을 일목요연하게 설명하는 말씀이 있다. "두 사람이 한 사람보다 나음은 그들이 수고함으로 좋은 상을 얻을 것임이라 혹시 그들이 넘어지면 하나가 그 동무를 붙들어 일으키려니와 홀로 있어 넘어지고 붙들어 일으킬 자가 없는 자에게는 화가 있으리라 또 두 사람이 함께 누우면 따뜻하거니와 한 사람이면 어찌 따뜻하랴 한 사람이면 패하겠거니와 두 사람이면 맞설 수 있나니 세 겹 줄은 쉽게 끊어지지 아니하느니라"(전4:9-12).

그리고 팀은 개인의 개성이나 각양 은사를 수용하고 조화해야 한다. 다음 말씀을 보자. "철이 철을 날카롭게 하는 것 같이 사람이 그의 친구의 얼굴을 빛나게 하느니라"(잠27:17).

삼위일체 하나님을 생각해보자. 하나님은 그 인격이나 사역에서 팀을 이루신다. 그리스도의 사역은 성부 하나님의 사역에 기인한다. 성자는 성부께서 일하시기 때문에 일하시고(요5:17), 성부께서 행하시는 것을 아들도 그와 같이 행하신다(요5:19). 특히 창조사역과 구원사역 그리고 기도사역과 사랑사역에 있어 하나님은 팀을 통해 그 일을 완수하신다.

이 시대에 필요한 팀 사역

팀이란 연합이며, 일치, 통합, 조화다. 그리고 공동창조이다. 팀이란 또한 "공동의 목표를 성취하기 위해 함께 일하는 사람들이 모인 집단과 그들의 역할"을 말하기도 한다. 포스트모던 사회가 팀을 요청하는 것은 팀의 이런 성격 때문이다. 우리가 사는 포스트모던 사회라는 새로운 물결에는 통합과 조화, 일치와 공동창조라는 가치들이 실려온다. 이러한 시대적 기조는 팀을 요구한다.

가정이나 회사, 사업동료, 운동 경기가 하나의 팀으로 이루어진다. 그러나 팀은 단순히 사람만 모인다고 되는 것은 아니다. 상호 개성을 조화하여 통일성을 추구하는 것도, 서로의 이해를 양보하며 협력하는 것도 어려운 일이다.

목회 일선에서도 '그룹 목회'(Group ministry)라는 이름과 함께 팀 개념이 적용되고 있다. 팀은 피라미드형이 아닌 원형이다. 팀은 책임을 분담하고 공동으로 중요 사안을 결정한다.

중앙집권적이었던 세계는 점차 지방분권화 되어 가고 있다. 세계화와 동시에 지방화가 진행되면서 다양한 문화, 인종, 언어, 종교를 수용하고 개별성을 인정하는 방향으로 나아간다. 이미 세계는 구소련의 해체로 말미암아 지방화를 경험하고 있으며 이러한 지방화는 가속화될 것이다.

세계화와 지방화가 동시에 발생하는 지금과 같은 시대에는 모든 것이 융합된다. 세계화(globalization)와 지방화(localization)가 동시에 발생하여 지구지방화(glocalization) 되어간다. 신기술도 생물학과 화학이 융합된 생화학, 기계(mechanics)와 전자(electronics)가 연결된 메카트로닉스(mechatronics) 등이 발달한다. 자동차 업계도 이제는 하이브리드(hybrid)로 간다. 하이브리드 차는 가솔린 엔진에 전기 모터와 배터리를 결합해 주행 동력을 만든다. 시동을 걸거나 초기 가속시에서는 전기 모터 힘으로 출력을 높이고 연료 소모가 적은 정속 주행 시에는 가솔린 엔진을 사용한다.

학문과 예술도 마찬가지로 융합되어 단순한 학문이나 예술만이 아니라 종합 학문 혹은 종합 예술이 발달하고, 교육(education)이 오락(entertainment)과 융합되어 교육오락(edutainment)이 된다. 음식 문화에도 이런 기술이 두드러지게 발달하고 있다. 어느 한 문화의 음식이 다른 문화에 소개되어 제3의 음식이 개발된다. 햄버거가 한국 문화에 자리 잡으면서 불고기 햄버거로 융합되고, 피자 재료에는 고추나 한국 맛을 내는 향신료가 사용된다.

전문화 시대를 대비하라

미래 사회는 전문화시대가 될 것이다. 최근 우리 사회는 다양한 분야에서 전문인을 필요로 한다. 우리나라에서도 이미 특수 목적 고등학교가 많이 생겼다. 만화와 그 기법을 가르치는 애니메이션 고등학교, 전문 요리사를 양성하는 요리 고등학교 등이 그것이다. 이런 유의 학교들은 대학 진학 경쟁에서 자유하기 때문에 대단한 인기몰이를 하고 있다.

실천신학자 세워드 힐트너(Seward Hiltner)는 그의 책 《실천신학 입문》(A Preface to Practical Theology)에서 목회에 있어 세 가지를 강조하고 있다. 그가 말하는 세 가지는 전달(communicating), 목양(shepherding), 조직(organizing)이다. 그에 따르면 이 세 가지에 모두 능통한 목회자는 없다. 반면 어떤 목회자이든 세 가지 중 하나는 잘 할 수 있으며 성공적인 목회를 할 수 있다.

여기에 조직이라는 행정 업무가 포함되어 있음을 주의하자. 모든 목회자가 설교자이지만 전부가 대설교자가 될 수는 없다. 마찬가지로 모든 목회자가 행정가이지만 모두 대행정가는 아니다. 목회자는 반드시 설교를 잘 해야 하는 것이 아니라 행정업무에 뛰어나도 성공할 수 있다.

목회의 경쟁력 향상을 위한 방편 중 하나도 전문화목회이다. 미래 교회에서는 어느 한 분야만 특별히 잘해도 성공적인 목회자가 될 수 있다. 목회 팀은 이러한 전문성을 극대화하는 교회의 새로운 패러다임이다. 이러한 목회의 새로운 틀은 전문성을 기대하는 교인들에게 충족감을 줄 수 있는 대안이다. 팀은 이와 같은 의미에서 전문성 시대에 가장 걸맞은 목회 패러다임일 것이다.

4. 리더십이 살아야 교회가 산다

클린턴 전 미국대통령 정부의 노동부장관이었던 로버트 라이시는 성공의 5가지 비결을 다음과 같이 제시했다. '라이시 5법칙'이라고 일컫는 법칙은 다음과 같다.

제1법칙: 컴퓨터를 배워라. 어느 직종이든 그 누구라도 상관없다. 컴퓨터를 다룰 줄 알아야 한다. 이제는 이 지구상에 사는 사람은 누구나 컴퓨터를 알아야 한다. 모르면 당장 배워야 한다.

제2법칙: 경쟁력 마인드를 가져라. 경쟁력의 요소는 자신의 장점을 갈고 닦는 것이다.

제3법칙: 사다리를 버리고 거미줄을 잡아라. 거미줄엔 중심이 있지만 톱(top)은 없다. 산업사회의 모형인 사다리를 버리고 정보사회의 모형인 거미줄을 잡아야 한다. 남의 지배를 받으며 올라간다는 생각을 버리고 내 자리를 구축해 나가야 한다.

제4법칙: 네트워크를 구성하고 효율적으로 이용하라. 자신이 몸담고 있는 전 분야에 걸쳐 적극적으로 사람들과 연결되도록 하라. 정보는 미래를 여는 열쇠다. 거미줄에서의 내 자신의 자리를 확장해나가는 최상의 길은 네트워크를 활용하는 것이다. 적극적이며 광범위하게 사람들과 연결하여 내 자리를 넓혀가야 한다.

제5법칙: 팀워크의 중요성을 잊지 말라. 이 시대는 나홀로 시대가 아니라 다른 사람과 팀을 이루어 일하는 시대이다.

산업사회가 개미사회 혹은 사다리 사회라면 정보사회는 거미사회 혹은 거미줄 사회다. 사다리 사회는 높고 낮음이 분명했고 하향식 사회였다. 반면 거미줄 사회는 모든 사람이 중심인 사회이다. 인간은 이런 사회에 살면서 자연스레 자기중심적인 삶을 살게 된다. 이런 시대에 교회와 그리스도가 그 중심이 되게 해주는 것이 미래교회의 과제일 것이다.

리더십이란

리더십에 관한 여러 정의들을 살펴보자. 조지 테리는 "집단이 추구하는 목표를 위해 추종자들이 기꺼이 노력하도록 영향을 끼치는 행위"라고 했다. 헤롤드 쿤츠와 시릴 오도넬은 "사람들로 하여금 공동의 목표를 성취할 수 있도록 영향력을 행사하는 일"이라고 했다. 오드웨이 테드는 "사람들이 바람직한 목표라고 생각하는 것을 위해 협력하도록 영향을 주는 행동"을 리더십이라고 보았다. 존 맥스웰도 "리더십이란 영향력이다. 리더십은 추종자를 모을 수 있는 능력이다"라고 했다.

종합하면 "조직의 공동의 목표를 성취할 수 있게 하는 영향력"을 리더십으로 볼 수 있으며, 덧붙여 "그러한 것을 가능하게 하는 힘의 동원 능력"을 의미한다.

따라서 리더십(L)은 리더(leader), 추종자(follower) 그리고 상황 변수(situational variables)의 함수다. 특히 포스트모던 시대에는 리더 자신뿐만 아니라 추종자의 역할 그리고 상황적 변수에 따라 리더십의 형태가 많이 달라진다. 이러한 원칙을 기반으로, 리더십의 구성요소를 등식으로 설명하면 다음과 같다.

$$L=f(l,f,s)$$

워렌 슈미트가 제시한 다섯 가지의 리더십 형태를 보자.

첫째, 말하기(telling): 리더가 자신의 결정 사항을 추종자들에게 설명하는 형태의 리더십. 이때 리더는 추종자들의 감정을 미리 고려해야 하며 그렇지 않으면 그들은 리더의 결정에 참여하지 않는다.

둘째, 설득하기(persuading): 리더가 먼저 결정을 내리지만, 지시하기 전에 추종자들을 설득하려고 노력한다.

셋째, 의논하기(consulting): 리더가 추종자들에게 문제와 관련된 사항들을 놓고 그들의 생각과 해결방안을 청취한다. 그리고 해결방안을 함께 의논하고 그 후에 결단을 내린다.

넷째, 함께하기(joining) : 리더는 조직의 멤버로 같이 참여하여 문제의 최종 결정을 조직에 맡긴다.

다섯째, 위임하기(delegating) : 리더는 문제를 밝히고 조직에 위임하며, 그들의 결정을 수용하고 동의한다.

높아지는 리더십의 중요성

신세대에게는 소위 'PANTS 신드롬'이 나타난다고 한다. 이는 그들이 개인적이고(personal), 흥미본위이고(amusement), 자연스러움을 추구하고(natural), 남녀성별 구분이 모호하고(trans-border), 극단적 자기 사랑(self-loving)에 빠지는 세대이기 때문이다. 이런 세대를 이끌어가려면 이전보다 더욱 고차원적인 리더십이 필요하다.

앞으로는 리더와 추종자와의 관계 형성도 전보다 어려워질 것이다. 사람들은 갈수록 자기를 중심으로 생각하기 때문이다. 개인주의적인 생활양식과 자기중심적인 사고를 하는 세대에 영향력을 행사하는 일에는 상당한 리더십 능력이 필요하다.

우리 시대의 미드필더라고 할 수 있는 '2635세대'(26-35세)의 최대 관심은 돈이다. '2635세대'의 키워드는 '자기중심'(individualized), '진보 세대'(innovative), '현실적인 경제 세대'(into the reality), '유행추구 세대'(inclined to fashion), '다양한 문화에 개방적인 세대'(intercultural) 등이다. 높은 생산성과 소비성을 동시에 가진 이들의 삶의 중심을 바르게 인도해 주는 것이 교회의 또 다른 사명이다.

포스트모던 시대는 리더십은 원하지만 헤드십(headship)은 배격한다. 헤드십은 자신의 머리 위로 증기를 내뿜으면서 혼자 힘으로 객차를 이끌어가는 증기기관차를 닮았다. 반면 리더십은 각 차량마다 모터가 내장되어 있어 그들의 힘을 합하여 속도를 내는 고속철과 같다. 따라서 리더십은 리더가 앞서 운전할 때에 모든 추종자들이 각자의 힘을 합하여 팀워크를 이루는 기술이다.

그런데 리더라고 자처하는 많은 사람들이 리더십이 아닌 헤드십을 행사하는 경우가 흔하다. 이런 경우 리더는 보스가 되고 만다. 리더는 설득하지만 보스는 강요한다. 리더는 선의에 의존하여 '우리'라고 하지만 보스는 권위에 의존하여 '나'라고 한다. 리더는 '가자'고 하지만 보스는 '가라'고 한다. 리더는 존경을 얻어내지만 보스는 복종을 요구한다. 리더는 귀가 여러 개 있지만 보스에게는 좋은 말만 듣는 귀 하나만 있는 법이다.

"남을 성공시키면 내가 성공한다"

리더십과 더불어 포스트모던 시대에 특별히 요구되는 것은 팔로어십(followership)이다. 리더는 추종자와 공동체의 목표가 있어야 리더십을 발휘할 수 있다. 그러므로 추종자 없이는 리더가 될 수 없으며 팔로어십은 리더십을 규정하는 중요한 요인이 된다. 추종자들의 자세와 역할이 리더십의 결정적 요인이다. 좋은 리더십은 좋은 팔로어십과 무관하지 않다. 그러므로 리더는 좋은 리더십을 위해 추종자들의 팔로어십에 대한 관심과 연구가 있어야 할 것이다.

"남을 성공시키면 내가 성공한다"라는 말이 있다. 진정한 리더는 팔로우어의 지지를 받는 리더이며 그들을 성공하게 하는 사람이다. 리더와 추종자는 어느 한쪽이 성공하고 다른 한쪽은 패배하는 승-패(win-lose)의 관계가 아니라 양쪽이 함께 승리하든지(win-win), 아니면 양쪽이 함께 패배하든지(lose-lose) 둘 중의 하나이다.

잘 통하는 리더십 스킬

리더는 기본적인 리더십의 기술을 확보해야 한다. 그 첫째는 의사소통에 있다(communicating). 의사소통이란 서로의 상징을 이해하기 위해 마음이 만나는 과정이다. 리더와 팔로우어 사이에서는 구술언어 이상의 몸짓, 행동, 분위기, 신뢰 등 보이지 않는 가치를 공유한 상태에서 지속적인 의사소통이 이루어져야 한다. 그러므로 좋은 리더는 곧 좋은 의사소통자라고 할 수 있다. 리더들은 계속해서 마음과 마음이 오고가는 의사소통을 위해 노력해야 한다.

둘째는 귀를 기울여야 한다(listening). 귀를 기울이는 것은 듣는 것(hearing)과 다르다. 듣는 것이 단지 신체적인 경험이라면 귀를 기울이는 것은 들은 것을 적극적으로 수용(혹은 거부)하고 생각하며 구체적인 행위가 포함된 종합적인 과정이다. 귀를 기울이는 것은 말하는 것보다 더 힘이 드는 일이다. 리더는 말 잘하는 사람이라기보다 오히려 잘 듣는 사람이라 할 수 있다.

셋째는 위임하는 일이다(delegating). 위임이란 리더를 위해 어떤 결정이나 업무를 수행할 수 있도록 팔로우어에게 책임과 권위를 부여하는 것이다. 위임은 리더의 훌륭한 자질이며 리더십의 꽃이다. 위임은 자기 리더십에 대한 자부심의 표현이다. 동시에 팔로우어의 능력을 100% 신뢰한다는 것을 뜻한다. 따라서 리더가 팔로우어를 신뢰할 때에 리더도 신뢰를 받는다.

넷째는 인간관계와 조화의 기술이다(human relations and harmony). 인간관계에 실패하는 리더는 더 이상 리더의 자리에 서기 힘들다. 왜냐하면 리더도 팔로우어도 사람이며 리더십은 인간을 상대하는 것이기 때문이다. 리더는 상황과 대상에 따라 신속하고 유연하게 인간관계를 형성할 수 있도록 대처해야 한다. 인간은 개성이 있으므로 인간다워지며, 개성을 조화하는 기술은 인간관계를 통해 가능해진다.

'영성'과 '리더십'을 연구하라

나는 앞으로 가장 심도 있게 연구되어야 할 과제가 바로 '영성'과 '리더십'이라고 오래 전부터 전망해왔다. 이 두 가지는 가장 필요하면서도 동시에 가장 어렵다. 최근 기독교 서점가에는 이 두 가지 주제의 책들로 넘쳐난다.

　미래는 리더십의 시대이다. 미래 목회에서 리더십의 중요성이 갈수록 강조되는 것은 리더의 영향력이 갈수록 확대되고 있기 때문이다. 사회 변동의 속도가 완만할 때보다는 정보 사회, 미래 사회로 진입할수록 리더의 비전이나 위기관리 능력에 의한 변화 가능성이 크게 높아진다.

　이제는 이전의 카리스마적인 리더십이 통하지 않는 시대이다. 다른 사람을 리드하기 전에 먼저 자신을 이끄는 리더십, 이른바 '셀프 리더십'이 떠오르고 있다. 먼저 자신을 다스린 만큼 팔로우어를 다스릴 수 있게 된다. 셀프 리더십은 리더십의 기본이며 현대 사회에서 가장 요청되는 리더십이다. 미래교회의 지도자는 셀프 리더십으로 리더십의 과제를 풀어나가야 한다.

5부 하나님의 법에 순종하는 교회

하나님의 뜻에 대한 완전한 복종이야말로
우리가 따라야 할 유일하게 안전한 길이다. (로렌스 형제)

만일 너희가 하나님의 나라를 어떻게 이룰까,
하나님께서 원하시는 바른 일을 어떻게 실천할까 고민하면서
그분을 생활의 중심에 모시고 살면
그분은 너희에게 이 모든 것을 더불어 주실 것이다.
(마6:33, 현대어성경)

1. 구원의 처음과 끝, 은혜

이스라엘 백성들의 출애굽은 전적인 하나님의 은혜였다. 이스라엘 백성들이 인간 편에서 할 수 있는 것은 아무 것도 없었다. 열 가지 재앙은 이스라엘 백성들을 해방하기 위한 하나님의 특별하신 '손보기'였다. 특히 열 번째 재앙은 애굽의 처음 난 것들이 죽는 것이었다. 강퍅한 바로에게 하나님은 무서운 죽음의 재앙을 내리신다. 반면 열 번째 재앙이 시작되기 전에 이스라엘 백성들에게는 유월절 규례를 모두 일러주셨다. 이스라엘 백성들은 유월절과 무교절의 규례를 다 들었다(출12:1-20).

유월절 규례를 통한 은혜

죽음이 오기 전 이스라엘 백성들은 죽음을 피하는 유월절의 규례를 다 행했다. 하나님은 가족 수대로 유월절 양을 잡고 우슬초

묶음을 가져다가 그릇에 담은 피에 적셔서 그 피를 문 상인방과 좌우 기둥에 뿌리고 아침까지 한 사람도 자기 집 문 밖에 나가지 못하게 하셨다(출12:21-22). 애굽 사람들에게 재앙을 내리실 때에 죽음의 천사가 하나님의 백성들이 사는 집을 넘어가게 하신 것이다.

이스라엘 백성들은 하나님의 말씀에 순종했고 그러한 순종하는 믿음으로 그들은 살게 된 것이다. 양의 피를 문에 뿌린 것은 은혜의 한 방편에 불과했다. 그들에게 죽음의 재앙을 피하는 방법을 알게 하신 것도 하나님이셨다. 그들의 행위가 아니라 하나님의 은혜와 하나님의 말씀에 대한 그들의 믿음이 구속을 가져왔다.

그러한 믿음은 은혜로 말미암는다. 예수님이 바리새인 시몬의 집에 계실 때에, 주님의 발에 향유를 부은 여인에게도 "네 믿음이 너를 구원했다"고 하셨다(눅7:50). 구원의 선포는 행위가 아니라 믿음에 있었다.

하나님의 은혜는 언제나 승리한다

'은혜'의 헬라어 '카리스'는 '분에 넘치는 호의'를 의미한다. 하나님의 은혜는 하나님의 백성에게 항상 분에 넘치게 흘러간다. 그런 자격이나 행위가 없지만 하나님은 은혜를 베풀어주신다. 실제로 이스라엘 백성들이 모두 애굽 사람들보다 더 의롭게 살았던 것은 아니다. 또한 애굽 사람 모두가 장자를 잃어야 할 만큼 악한 사람들은 아니었다. 그러나 하나님은 그들을 선택하셨다는 이유로 분에 넘치는 호의를 베푸셨다. 출애굽은 하나님의 은혜였고 하나님의 은혜는 이스라엘 백성들의 행위보다 크고 앞선다. 우리의 구원도 하나님의 은혜이다. 하나님의 은혜는 언제나 우리의 죄보다 크고 앞선다.

이러한 은혜의 교리는 네 가지 핵심적인 진리를 전제로 하고 있다. 첫째, 인간의 도덕적 피폐함이다. 인간은 도덕적으로 파괴되었기에 은혜가 아니면 구원받을 수 없다. 둘째, 보응하시는 하나님의 공의이다. 하나님은 인간의 죄에 대해 보응하실 수밖에 없다. 셋째, 인간의 영적 무기력이다. 인간 자신의 힘으로는 하나님을 찾을 수 없다. 넷째, 하나님의 주권적 자유이다. 하나님은 강요가 아닌 당신의 주권으로 은혜를 베푸신다. 그리고 주권은 하나님의 사랑에 기인한다. 제임스 패커는 주권적 사역에서 나온 자발적인 '선택사랑'(election-love)에 '언약사랑'(covenant-love)을 합친 것이 은혜라고 했다.

탕자에 대한 아버지의 사랑은 집에 있을 때나, 떠나 있을 때나, 돌아왔을 때나 조금도 변함이 없다. 자신의 분깃을 가지고 아버지의 집을 버리고 떠날 때에도 그는 아들이었고, 돈을 다 탕진하고 쥐엄 열매를 먹고 있을 때도 그는 아들이었고, 체면 불구하고 다시 집으로 돌아왔을 때도 아들이었다. 아버지는 한 번도 그를 아들이 아니라고 생각해 본 적이 없다. 하나님의 은혜는 하나님과 아들의 관계를 영원히 보장하고 있는 것이다. 인간의 공로는 실패하고 변하지만 은혜는 언제나 변하지 않고 승리한다.

언약의 역할

언약신학은 구원의 계획을 가장 포괄적으로 설명하는 신학 체계이다. '연맹신학'(Federal Theology)이라고도 하는 언약신학은 16세기 후반에 시작되어 17세기 후반 영국 청교도주의에서 꽃을 피웠다. 언약 개념은 미국의 청교도 사상 속에 깊이 뿌리내렸으며, 이에 기초하여 정부가 세워지고 시민법과 교회법이 제정되었다.

언약신학에서 하나님은 인류 대표인 아담과 언약 관계를 맺으셨다고 말한다. 하나님과 인간의 언약은 하나님의 신실성과 인간 편의 완전한 순종을 전제로 한다. 하나님은 인간을 창조하시고 에덴 동산에 두시면서 온갖 나무의 과일을 먹게 하셨지만 선악의 지식의 나무의 열매는 금지하셨다. 이 조건을 전제로 하나님은 아담에게 영원한 생명을 약속하셨다. 이 언약이 '행위언약'이다. 그러나 아담은 이 언약을 먼저 파괴했고 그 결과로 인간의 타락이 나타났다.

그렇지만 하나님의 구원 계획은 행위언약이 아니라 이미 창세 전에 삼위 하나님 사이에서 맺어진 언약에 기초한다. 삼위 하나님은 인간의 타락을 이미 아시고 구원을 계획하신 것이다. 이것을 '구속언약'이라 부른다.

하나님은 둘째 아담인 그리스도와 언약을 맺으시고 그의 희생과 죽음을 통해 인간에게 용서와 영생을 주신다. 선악의 지식의 나무 열매를 먹고 죽게 된 인간을 하나님은 은혜로 구원하신다. 이 언약을 '은혜언약'이라 한다.

언약신학에 의하면 인간은 창조될 때에 이미 타락과 구속이 전제되어 있었으며 인간의 구속은 하나님과의 '은혜언약'에 의해 가능하게 되었다. 그런 의미에서 볼 때 타락 이후에 인간은 누구나 은혜로 말미암아 구원을 받는다. 인류의 타락 이후에 율법을 통해 구원받을 수 있는 사람은 한 사람도 없다.

흔히 구약 시대를 '율법 시대', 신약 시대를 '은혜 시대'라고 한다. 이 말이 전적으로 틀린 말은 아니다. 그러나 엄밀하게 말하자면 타락 이후의 모든 인간은 율법으로 구원받을 수 없다. 모세는 율법을 건네준 대표자였지만 율법의 기준에서 본다면 모세도 불완전했다. 모세도 사람을 죽였고(출2:12), 이방인인 구스 여인과 결혼했으며(민12:1), 하나님이 친히 주신 십계명의 돌비도 던져 깨트려버렸다(출32:19).

이스라엘의 출애굽은 하나님의 은혜로 말미암아 이루어졌다. 그들은 어린양의 피를 문에 뿌렸기에 죽음의 재앙을 피할 수 있었다. 광야교회의 하나님 백성들은 모두 은혜로 구원받은 자들이다. 이는 미래교회의 백성들도 마찬가지이다.

2. 은혜의 도구, 율법

　한 가족이었던 야곱의 식구들 70명이 하나의 국가 공동체로 세워진 곳은 시내산이었다. 그들이 처음 애굽으로 갈 때는 70명이었지만 430년 만에 다시 애굽에서 나올 때는 300만이라는 큰 공동체를 형성하게 되었다. 하나님은 아브라함에게 애굽으로 간 백성들이 4대만에 다시 가나안으로 돌아오게 되리라고 하셨다(창15:16). 이스라엘 백성들이 출애굽한 것은 하나님의 오랜 계획의 성취였고 이스라엘 백성들에게는 하나님의 은혜였다.

　모세는 바로와의 피 말리는 대결 끝에 애굽을 떠나 45일 만에 시내산에 도착하였다. 그들은 홍해를 무사히 건넜고, 아말렉과의 첫 번째 전쟁도 하나님의 은혜로 승리했다. 이스라엘 백성의 출애굽과 광야의 삶은 전적인 하나님의 은혜였다. 광야생활은 고난의 연속이었고, 길고 험한 길이었지만 하나님의 은혜가 가장 풍성했다. 출애굽만 은혜가 아니라 광야 사십년도 은혜였다.

율법의 참된 가치 : 은혜의 방편

　은혜로 출애굽하게 하신 하나님은 이제 광야교회에 율법을 주신다. 이스라엘 백성들이 시내산에 도착했을 때 하나님은 비로소 모세를 하나님의 산으로 불러 십계명이란 율법을 주셨다. 애굽에 있던 이스라엘 백성들에게 율법을 잘 지키면 출애굽하게 해 주겠다고 하지 않았다. 은혜로 출애굽한 백성들을 대상으로 하여 반드시 준행해야 할 십계명을 주신 것이다. 은혜가 출애굽의 조건이었으며, 율법은 출애굽한 백성들에게 주신 구원의 결과였다. 출애굽을 통과하지 않고서는 율법마저도 의미가 없는 것이다.
　이스라엘 백성에게 율법이 주어진 것은 출애굽 이후였다. 홍해에서 하나님의 기적이 나타나 이스라엘 백성과 애굽인의 운명이 완전히 갈리고, 그 후 시내산에서 언약이 구체화된 십계명을 받은 것이다. 성결의 삶을 명하는 율법은 인간을 성결케 하시는 하나님의 언약을 포함하고 있다. 거룩하게 하시는 하나님의 약속 없이는 거룩하게 살라는 율법은 아무 의미가 없다. 그러므로 율법은 은혜를 전제로 한다.
　특히 하나님은 "나를 사랑하고 내 계명을 지키는 자에게는 천대까지 은혜를 베푸느니라"(출20:6, 신5:10)고 하신다. 이로 볼 때 계명은 은혜의 방편이다. 하나님은 은혜를 선택하게 하셔서 구원하시고, 구원의 결과로 율법을 주셔서 지키게 하시며, 율법을 지키는 자에게 은혜를 베푸신다.

구약시대에도 하나님의 은혜 없이는 구원받을 수 없다. 율법을 준행할 수 있는 것도 은혜로 말미암기 때문이다. 모세는 율법의 대표자였다. 그러나 모세도 율법으로는 완전하지 못했다. 이스라엘의 성군(聖君) 다윗도 율법으로는 흠이 많은 사람이었다. 다윗은 충신 우리야의 아내를 취함으로써 간음하지 말라는 일곱 번째 계명과 살인하지 말라는 여섯 번째 계명, 이웃의 아내를 탐내지 말라는 열 번째 계명을 동시에 어겼다. 그럼에도 불구하고 그가 회개하고 돌이켰기 때문에 하나님은 다윗을 용납하셨다. 이는 하나님의 은혜에 따른 것이었다. 율법시대에도 하나님의 은혜 없이는 구원받지 못했다. 율법은 은혜의 한 방편이다.

율법의 중심

율법은 히브리어 '토라'에서 온 말로 '교훈'이라는 뜻이다. 일반적 의미에서 율법은 모세오경을 가리키나 넓은 의미로는 구약성경 전체를 지칭하기도 한다. 그 중 십계명(출20:1~17, 신5:6-21)은 율법의 기초를 이룬다. 그 외에도 '언약 법전'(출20:23~23:19), '신명기 법전'(신12~26장), '레위기 법전'(1~27장 전부) 등에서 율법을 상세히 볼 수 있다.

유대인들은 하나님께 받은 율법을 613개의 작은 계명으로 만들어 지켰다. 이를 최초로 분류한 사람은 중세 시대 유대의 저명한 랍비인 마이모니데스(Maimonides)였다. 그는 오경의 모든 말씀들을 분류하여 '하라'는 적극적인 형태의 계명 248개와 '하지 말라'는 부정적이며 소극적인 형태의 금지 계명 365개를 구분했다. 248은 사람의 몸을 이루고 있는 모든 뼈의 개수이고, 365는 1년을 뜻한다.

율법의 중심은 하나님이시다. 율법은 하나님의 백성들에게 복을 주시기 위한 하나님의 방편이다(신28:6). 율법을 제정하신 하나님께서 백성들을 심판하고 귀찮게 하려고 정하신 것이 아니다. 율법을 지키고 선을 행하는 자에게는 생명을 주어지고, 율법을 불순종하고 악을 행하는 자는 멸망을 당한다는 원리가 율법의 중심 사상이며 하나님의 의도이다(신4:1, 8:19-20, 겔18:18~ 19장).

구원받은 성도가 마땅히 걸어야 할 길

교회 공동체에는 율법이라는 객관적 규율이 필요했다. 율법이란 구원받은 백성에게 주신 하나님의 규율이며 출애굽 후에 가나안에 들어갈 때까지 그들의 삶을 보호하시려는 하나님의 은혜의 선물이었다. 이는 지금도 동일하게 적용되는 하나님의 구원 행동이다. 하나님은 은혜로 구원받게 하신다. 그리고 구원받은 하나님의 백성에게 율법을 주신다. 신약적인 의미에서 본다면 율법은 하나님의 뜻과 그분의 모든 말씀을 의미한다. 구약백성들이 하나님의 율법을 순종하며 그분을 사랑하며 살았듯, 우리도 말씀을 통해 나타난 하나님의 뜻을 구하며 거기에 순종하며 사는 것이다. 광야교회에서 백성들이 만나를 먹었듯 우리도 하늘의 만나이신 그리스도를 먹는 삶을 살아간다.

성도는 교회에 출석하여 예배하고 배우고 봉사하고 헌금하고 전도하고 교제한다. 이 모두가 중요한 훈련이며 성결의 과정이다. 그러나 이런 행위 때문에 구원받는 것은 아니다. 이러한 성도의 삶은 구원의 결과이다. 구원받은 감격으로 그렇게 살아갈 힘이 생기는 것이다.

구원받은 성도는 성결하게 살아야 한다. 이미 의롭다 인정받은(justification, 칭의) 성도는 성결하게 변화되는(sanctification, 성화) 삶을 살아야 한다. 이런 성결의 삶을 사는 사람들은 결국 영원한 영광으로 변화되어 완전해질 것이다(glorification, 영화). 이처럼 율법은 의로 인정받아 구원받은 사람들이 성결의 삶을 살게 하는 도구이다. 율법은 구원받은 하나님의 백성들이 완전한 구원에 들어가도록 인도하는 과정에서 주신 도구이다. 그러므로 이미 구원받은 사람에게는 율법은 반드시 필요한 은혜의 도구이다.

3. 믿음/지식/행동의 삼위일체

포스트모던 시대에는 경제적 양극화와 정보의 양극화에 이어, 영성에서도 양극화가 진행된다. "자기에게 주어진 것을 잘 활용하는 사람은 더 많이 받아서 풍족하게 될 것이고 책임을 다하지 못하는 사람은 가지고 있는 것마저도 빼앗길 것이다"(마25:29, 현대어성경). 영적인 개인과 교회는 더욱 영적으로 변하며, 그렇지 못한 사람은 영성이 고갈되고 이름만 남은 그리스도인이 될 것이다. 칼 라너는 "오늘날에는 신비주의자가 되든지 아니면 불신자가 되어야 한다"는 말을 남겼다.

믿음의 핵융합 반응

믿음과 행함이란 별개의 것이 아니다. 믿음은 행함을 통해 증명되어야 하며, 행함은 믿음의 뿌리에서 나타나야 한다. 믿음만을 지나치게 강조하여 행함을 약화시켜도 안 되며, 행함을 지나치게 강조한 나머지 믿음의 터를 등한시하는 잘못을 범해서도 안 된다. 행함이 없는 믿음은 그 자체가 죽은 것이다(약2:17). 로마서와 야고보서는 조화를 이루어야 한다.

미래 크리스천들은 성경을 살아감으로써 자신의 정체성을 증명해야 한다. 이미 구원을 받은 성도들은 자신의 삶에서 그리스도의 영성이 드러나야 한다. 즉 그리스도가 나타나는 것이다. 크리스천의 도덕적 삶과 영적 삶은 하나로 일치한다. 우리의 최종목표는 그리스도처럼 온전해지는 것이다. 하나님의 아들을 믿는 것과 아는 것은 하나가 되어야 하고(엡4:16), 행함과 믿음은 또한 한 짝을 이루어 함께 간다(약2장). 그리고 우리의 행동은 우리가 하나님을 아는 만큼만 참되다(요일5:2). 믿음과 지식, 행동이 분리되지 않고 하나를 이룰 때 성령께서는 그 성도를 통해 믿음의 핵융합 반응을 일으키신다(요14:21).

지하철역이나 버스 정류장 주변이라면 어디에나 술집이 있는 나라 한국은 정말 이상한 나라이다. 도심이나 외곽 할 것 없이 모텔들이 들어서 있고 이런 모텔들을 '러브호텔' 이라고 부른다. 주점은 단란한 곳이 아닌데 '단란주점' 도 어렵잖게 볼 수 있다. 요즘 노래방에는 도우미가 있는데 그들은 음악선생이 아니다. 이런 것들이 모두 우리의 현실이다. 사회의 풍조와 문화는 점점 기독교와 멀어져 가고 있다. '도덕적 해이' 와 '도덕 불감증' 이 팽배한 한국에서 성도의 사명을 충실히 하려면 분명한 성경적 삶의 규범이 필요하다.

흔히 사회에 나가면 크리스천을 찾아보기 힘들다고들 한다. 구원 받았다는 사람들이 일반 사회인들과 전혀 다를 바 없이 살아간다면 그 안에 하나님의 생명이 있는지 의심하게 하는 일이다.

성경은 "너희가 믿음 안에 있는가 너희 자신을 시험하고 너희 자신을 확증하라 예수 그리스도께서 너희 안에 계신 줄을 너희가 스스로 알지 못하느냐 그렇지 않으면 너희가 버림받은 자"라고 말씀한다(고후13:5).

우리가 믿는 바는 성경과 일치해야 하고, 거기에 걸맞는 열매로써 외면적으로 나타나야 하는 것이다. 이렇게 믿음과 지식과 행동은 따로 떼어 생각할 수 없고 언제나 하나로 움직이며 그리스도인의 영혼을 형성해간다.

4. 미래교회는 말씀으로 문화를 변혁하는 곳이다

21세기를 단적으로 말한다면 문화가 융합된 정보 사회라고 할 수 있다. 포스트모던 시대를 이끌어가는 3D는 디지털(Digital), DNA 그리고 디자인(Design)이다. 디지털로 인해 전자기술(IT)과 나노기술(NT)이, DNA로 말미암아 생명공학(BT)과 환경공학(ET)이 발전한다. 또한 디자인은 문화개발기술(CT)와 우주공학(ST)을 뒷받침한다. 이 여섯 가지 기술은 포스트모던 시대를 이끌어갈 과학의 근간이다. 여기서 우리가 주목해야 할 것은 '문화개발기술'이다. 문화는 이제 더 이상 '놀이'가 아니라 엄청난 부가가치를 동반하는 '산업'이 되었다.

문화변혁자 교회

인간은 문화를 창조하고 향유하며 살아가는 문화적 존재이다.

문화적 존재라 함은 인간이 사회의 문화에 따라 공동체를 형성하고 살아간다는 의미이다. 문화는 사회를 구성하고 유지하므로 인간은 문화를 피해 살 수는 없다. 그러므로 그리스도인은 문화에 대한 적대적인 관계를 극복해야 하며 긍정적이며 적극적인 자세로 문화변혁의 주체가 되어야 한다.

리처드 니버는 《그리스도와 문화》에서 교회 문화에 대한 다섯 가지 유형을 제시한다. 그는 가장 바람직한 문화유형이 문화변혁자가 되는 것이라고 했다. 아브라함 카이퍼는 적극적인 문화개혁을 주장했다. 보수적 신앙과 진보적 문화론을 겸비한 그의 이론은 삶의 전 영역이 하나님의 주권적인 장이며, 문화 영역에도 하나님의 주권이 임하도록 해야 한다고 밝힌다. 대중문화를 사탄적이라고 비판하고 포기할 것이 아니라 교회와 그리스도인이 문화변혁의 주체가 되어야 한다는 것이다.

그리스도는 당시 문화를 부정하지 않으시고 그들의 문화에 참여하셨다. 그러므로 그리스도인에게는 자기가 속한 공동체의 문화를 수용하고 참여하면서 동시에 변화시켜야 하는 문화적 책임이 있다. 신앙공동체인 교회는 문화의 변혁자가 되어야 하는 것이다. 시대 문화를 전면으로 거부하는 '아미쉬'(Amish)와 같은 공동체나 시한부 종말론을 추종하는 사교 집단은 결코 하나님나라를 이 땅에 이룰 수 없다.

바울은 문화변혁자로서 이렇게 선포한다. "나는 유대인과 같이 있을 때는 유대인처럼 행동합니다. 그들에게 복음을 전하여 그리스도에게 인도하기 위해서입니다. 유대교의 관습과 의식을 따르는 이들과 같이 있을 때는 그들의 의식에 동참할 수는 없지만 그렇다고 논쟁도 하지 않습니다. 그들을 돕고 싶기 때문입니다. 이방인과 같이 있을 때도 될 수 있는 한 그들과 잘 어울리려 노력합니다. 물론 그리스도인으로서 정당한 일은 반드시 하면서 말입니다.

그렇게 하다 보면 그들의 신뢰를 얻게 되어 결국 그들을 돕는 좋은 결과를 가져옵니다. 사소한 일에도 괴로워하는 사람들과 같이 있을 때는 내가 다 아는 것처럼 나서거나 그들을 어리석다고 탓하지 않고 그들 스스로 깨우치게 하여 나의 도움을 기쁨으로 받아들이게 합니다. 그렇습니다. 내가 어떤 사람이든 그들과 같은 입장에 서려고 애쓰는 것은 그들이 자진해서 그리스도에 관한 이야기를 듣기를 청하게 해서 그리스도께 구원을 받도록 하려는 것입니다. 이 모든 것은 그들과 함께 복음을 나누려는 것입니다"(고전9:20-23, 현대어성경). 바울은 자신 안에 예수 그리스도를 모신 채 사람들에게 접근하는 문화양식은 모두에게 다르게 했다. 이것이 복음적인 갱신의 패러다임이다. 바울은 여러 사람에게 여러 모양이 됨으로써 자신이 변혁자(transformer)인 것을 증거한다. 그가 이렇게 된 것은 몇 사람이라도 구원하기 위한 방편이었다. 그는 모든 사람에게서 자유롭기 때문에 그렇게 할 수 있었다(고전9:19).

이 시대 양극화를 극복하려면

최근 들어 우리나라의 상위 10%의 부자들의 소득은 하위 10%의 18배가 되었다(2005년 1/4분기). 격차는 갈수록 심화되고 있다. 월 소득이 최저생계비 이하인 기초생활수급자와 최저생계비의 120% 이하인 차 상위 계층인 빈곤층이 500만명을 돌파했다. 중국은 시장경제를 채택한 지 30년도 안 되어 상위 20%의 소득이 하위 20%의 22배에 달해 빈부 격차가 위험수위에 도달했다.

이런 양극화 시대에 기독교는 양극의 화해자로 새로운 문화를 창출해야 할 책임이 있다. 이 시대는 '꽃미남'과 '비호감'(非好感)이 동시에 인정을 받는다. 비호감이란 대중들에게 호감을 주지 못하지만 왠지 매력 있고 친근한 사람을 말한다. 이제는 비호감도 개성인 것이다. 이 시대에 교회는 양극을 품을 수 있는 가슴을 가져야 한다.

문화가 발달하며 여러 다른 문화가 존중되는 시대에 교회는 사회 문화를 이해하고 올바른 기독교 문화가 형성되도록 노력하여야 한다. 새로운 세기를 맞아 한국 교회는 지금까지의 자기 성장 위주에서 타인을 위한 성숙한 교회로 탈바꿈해야 한다. 그것이 시대도 살고 교회도 사는 길이다.

교회의 역할

기독교는 사회 구성원의 행동을 규정하고 사회 체계를 형성하는 힘을 가져야 함에도 불구하고 사회에 영향을 주기엔 역부족이었다. 교회는 문화변혁자로서 시대 문화를 거부하거나 대립하거나 갈등하거나 초월하거나 평행선을 긋는 것이 아니라 끊임없이 변화시켜 나가야 한다. 교회가 사회 문화를 이끌어가며, 그리스도의 문화가 사회의 문화가 되게 하는 것이 교회에게 주어진 시대적 사명이기 때문이다. 그리고 이런 자세가 사람을 얻는 방법이다. 교회는 시대 문화를 거부하거나 비판 없이 수용하는 것이 아니라 건강하고 밝게 변혁시켜 나갈 수 있어야 한다. 그리고 문화를 변혁하는 강력한 힘은 말씀에서 나온다. 더 정확히 말하자면 말씀을 듣고 그대로 순종하는 데에 형통의 은혜가 있다.

이런 의미에서 미래교회는 교회의 본질적 모습을 보존하는 데 심혈을 기울여야 한다. 그 본질의 핵심 가치가 흔들리지 않도록 노력해야 한다. 구원의 목적으로 예배가 강조되어야 하고, 구원의 선물로서 말씀이 살아 있어야 하며, 구원받은 백성에게 주신 규례가 지켜지고, 구원받은 하나님의 백성다운 자태가 물씬 풍겨야 한다. 시대 문화가 아무리 변한다 해도 신앙의 근본이 바르게 훈련된다면 교회는 문화의 변혁자 역할을 충분히 감당할 수 있을 것이다.

6부
장막에 거하여 천국을 꿈꾸는 교회

구약성경의 가장 큰 신비 가운데 하나는

장막이라고 부른 이스라엘 백성의 예배 처소에 담긴 의미였다.

(존 파이퍼)

믿음으로 그가 이방의 땅에 있는 것 같이 약속의 땅에 거류하여

동일한 약속을 유업으로 함께 받은 이삭 및 야곱과 더불어

장막에 거하였으니 이는 그가 하나님이 계획하시고

지으실 터가 있는 성을 바랐음이라 (히11:9,10)

1. 성막의 신비

나는 지금껏 많은 외국 여행을 해보았지만 어느 해 5월에 다녀왔던 소아시아 성지순례는 제법 많은 곳을 방문한 특별한 여행이었다. 여러 날 동안 터키와 그리스에 체류하면서 저녁 늦게 호텔에 들어가고, 아침 일찍 호텔을 나서야 하는 여정은 참으로 힘들었다. 저녁에도 다음 날 일정에 맞추어 짐을 풀지 않고 필요한 옷가지만 꺼집어냈다. 이것이 여행자의 모습이다.

하나님이 만나주시는 곳

이스라엘의 광야생활은 40년간 떠도는 삶이었다. 그들에게는 안정된 집이 없었고, 안정된 삶은 기대할 수 없었다. 이런 와중에 하나님은 하나님의 집을 만들게 하신다. 그들은 40년 내내 안정되지 못한 천막생활을 했다. 언제 다시 그 천막을 걷어 떠나야 할지

몰랐다. 하나님께서 가라고 하시면 걸어야 하고, 멈추라 하시면 다시 쳐야 했다.

성막은 겉으로 보면 초라한 것 같지만 광야에 거하는 하나님의 집으로는 완벽했다. 하나부터 열까지 하나님이 말씀하신 대로 지은 집이었기 때문이다. 성막은 안정되지 못한 광야의 삶을 안정되게 한 하나님의 집이었다.

성막은 하나님이 이스라엘 백성을 만나는 장소이다(출25:22). '성막'의 히브리어 '미쉬칸'은 '거처하다'는 말이다. 하나님을 만나기 위해서는 하나님이 거처하시는 곳, 성막이 필요했다. 후에 이스라엘 역사에서는 성전이 성막의 역할을 대신 담당하게 된다. 성막에 계시던 하나님은 후에 성전에서 하나님의 백성을 만나신다(합2:20).

성막은 또한 하나님이 죄인인 백성을 만나 죄를 사하시고 구원하시는 장소이다. 죄인은 하나님을 만날 수 없기 때문에 하나님께서는 성막에서 그들을 만나시겠다고 하셨다. 성막은 하나님이 자신을 계시하고, 백성을 만나시고, 죄인을 들어오게 하시고, 용서하시는 곳이다. 광야교회 백성들이 죄를 사함 받는 유일한 방법은 성막에서 하나님을 만나는 것이었다. 그래서 광야교회의 성막은 가장 중요한 그들 삶의 중심에 있었다.

성막 건축 준비

존 파이퍼는 "구약성경의 가장 큰 신비는 성막이다"고 했다. 모세는 여덟 번 시내산에 올라갔다. 모세는 출애굽 당시에 이미 나이가 80세가 넘었고 당시 연령으로도 늙었으므로 시내산에 오르는 일은 쉽지 않았다. 그러나 그는 여러 번 하나님의 산에 올라야 했다. 그리고 여섯 번째 시내산에 올랐을 때에 성막건축에 대한 하나님의 지침을 듣고 내려온다.

성막 건축은 철저히 하나님의 설계로 이루어졌다. 하나님은 모세에게 성막 건축에 대해 모든 것을 지시하신다. 성막의 규격과 건축 소재도 일일이 일러주신다. 모세가 하나님 말씀을 그대로 받들어 브살렐과 오홀리압이 감독하며 건축한 성막은 말씀에 조금도 어긋남이 없었다. 성막 건축은 하나님께서 모세에게 말씀하신대로("내가 네게 명한 것을 그대로") 만드는 하나님의 작업이었다(출 31:6,11; 36:1).

성막 건축은 또한 모든 이스라엘 백성들의 참여로 이루어졌다. 브살렐과 오홀리압 외에도 여호와께서 지혜와 총명을 부으셔서 일하도록 하신 사람들이 여호와의 명령에 따라 일을 했다. 또한 이스라엘 백성들은 애굽에서 나올 때 애굽인들을 노략하였는데(출 12:36, 시105:37), 이 일은 아브라함에게 약속하신 대로 후손들이 큰 재물을 얻어 나오리라는 예언의 성취였다(창15:14).

하나님께서는 하나님의 산에서 처음으로 모세를 만나셨을 때에 이스라엘 백성들이 애굽인의 은혜를 입어 나가면서 빈손으로 가지 아니할 것이라고 하셨다(출3:21-22). 모세는 하나님의 명령대로 백성들에게 각기 자기 이웃에게 금은 보석을 요구하게 했다(출11:2). 그리고 그들이 나올 때에 애굽인들에게 구하는 대로 주게 하셔서 당당히 그 물품을 가지고 나왔다(출12:35-36). 이스라엘 백성들은 노예로 살았지만 빈손으로 쫓겨나지 않고 귀한 손님 대접을 받은 후 재물을 지니고 나오게 되었다.

하나님은 이스라엘 백성들이 출애굽할 때에 왜 애굽인의 많은 재물을 가지고 가도록 하셨을까? 그것은 이스라엘 백성들을 위한 것이 아니라 성막 건축에 사용하기 위함이었다. 엄밀하게 말하면 이스라엘 백성들은 하나님의 집을 위해 물품을 관리한 것이다. 그들에게 필요한 모든 것은 하나님이 직접 공급하셨다. 백성들이 성소에 쓸 예물들을 너무 많이 가지고 왔으므로 모세는 더 이상 가져오지 못하게 했다(출36:6). 성막 건축에는 이처럼 이스라엘 백성들이 함께 최선을 다했다.

성막의 완성

성막 건축은 일곱 달이 걸려 완성되었다. 이스라엘 백성들이 출애굽한 지 제2년 첫 달 첫 날에 성막이 완성되었다(출40:17). 둘째해 둘째 달 이십일에는 구름기둥이 내려왔다(민10:11). 이스라엘 백성들은 출애굽 후에 시내산 밑에서 11개월 20일간을 머물렀다. 그들의 바쁜 걸음을 멈추고 일 년여 동안을 머물게 하신 것은 40년의 광야생활을 준비시키기 위함이었다. 하나님은 모든 백성들에게 성막의 위치를 알리셨고, 하나님이 계시는 성막이 하나님의 영광으로 가득한 것을 보게 하셨다.

성막의 길이는 100규빗, 그 너비가 50규빗으로 그리 큰 것은 아니었다. 그러나 성막 건축에 일곱 달이 걸렸다는 사실은 이 일에 얼마나 많은 정성이 필요했는지를 엿볼 수 있게 한다. 성막 건축은 유다지파 브살렐과 단지파 오홀리압에게 위임되었다. 하나님께서는 이들에게 성막 건축을 위임하실 때 하나님의 영을 충만하게 하셨고, 지혜와 총명과 지식과 여러 가지 재주를 주셨다(출31:1-6). 성막을 건축할 만한 모든 여건을 허락하신 것이다.

하나님은 그들이 머물면서 하나님을 만나고 듣게 하셨고 광야생활에서 가장 소중한 일이 무엇인가를 알고 실행하게 하셨다. 성막은 40년의 광야생활에서 하나님의 은혜의 선물이었다.

성막과 그리스도

우리는 광야의 성막을 통해 그리스도를 본다. "말씀이 육신이 되어 우리 가운데 거하시매 우리가 그의 영광을 보니 아버지의 독생자의 영광이요 은혜와 진리가 충만하더라"(요1:14). '거하다' 는 말은 '장막을 치다'(tabernacle)는 뜻이다. 처음 광야에서 장막을 친 후 1400년이 지나 그리스도는 육신이 되어 우리 가운데 장막을 치신 것이다. 그리스도는 성막 속에서 우리를 돌보시고 우리를 지키시고 우리를 만나신다.

성막은 그런 의미에서 그리스도의 모형이다. 구약의 모든 말씀은 예수 그리스도를 증거하는 말씀이다(요5:39). 모세를 믿는다면 그리스도를 믿을 수 있고 모세를 알려면 그리스도를 알아야 한다(요4:46-47). 성막도 마찬가지이다. 성막을 확대한 것이 예수 그리스도이며 성막은 예수 그리스도의 모형이다. 성막은 그리스도 사건이며 그리스도의 이야기이다.

성막에는 동쪽을 향해 난 단 하나의 문이 있다. 이 문을 통하지 않고서는 성막에 들어갈 수 없다. 이와 같이 예수 그리스도는 죄 사함과 구원으로 들어가는 유일한 문이 되신다(요14:6, 10:7). 그리고 성막문은 청색, 자색, 홍색, 가는 베실로 짜여 있는데, 청색은 생명의 색이며 생명 되신 그리스도를, 자색은 왕권을 의미하는 색으로 왕 되신 그리스도를, 홍색은 피를 의미하며 고난의 주님을, 백색은 성결을 의미하고 부활하신 그리스도를 상징한다.

번제단은 그리스도의 죽으심과 구원을 상징했다. 물두멍은 그리스도가 십자가에서 흘리신 물과 피를 나타냈는데, 성소에 들어가는 자가 물두멍에서 씻지 않고 들어가면 죽임을 당했다(출30:21).

그리스도의 물과 피 없이는 구원 얻는 사람이 없다는 것이다. 성막의 널판과 덮개 그리고 성소의 등대와 떡상과 분향단 모두가 그리스도를 상징하는 것들이었다. 등대는 그리스도께서 세상의 빛 되심을, 떡 상은 그리스도가 세상에 오시는 생명의 떡인 것을, 분향단은 기도의 상징으로 그리스도가 기도의 중보자임을 뜻한다. 법궤는 가장 거룩한 것으로 피 없이는 만지지 못했다. 피 흘림이 없이는 죄 사함이 없다(히9:22).

성막은 하나님이 백성을 만나시는 하나님의 집이다. 그리스도는 하나님을 만나게 하는 하나님의 아들이시다. 우리는 그리스도를 통해 하나님을 보고(요14:9) 하나님과 하나가 된다(마1:23). 하나님과 분리되어 죄 가운데 살던 사람이 그리스도께서 오심으로 다시 하나님과 하나 되는 은혜를 누린 것이다.

2. 이스라엘의 삶의 중심인 성막

성경에는 성막에 관해 설명하고 또 그 의미를 해석하는 부분이 많이 나온다. 출애굽기 열세 장, 레위기 열여덟 장, 민수기 열세 장, 신명기 두 장, 히브리서 네 장, 성경에서는 이렇게 쉰 장 분량을 성막에 대해 이야기한다. 이 외에도 성경에는 성막에 관련된 많은 말씀들이 흩어져 기록되어 있다. 단일 주제로 따지자면 성막은 가장 많은 비중을 두고 기록된 성경의 핵심 주제 중 하나다.

성막의 간략한 역사

성막이 광야에 처음 세워진 때는 기원전 1445년이었다. 기원전 959년에 솔로몬이 예루살렘에 성전을 세우기 전까지 성막은 무려 486년간 이스라엘 백성들이 하나님을 예배하는 성소였다. 이곳에 하나님의 영광이 항상 머물렀기에 성막은 늘 그들 삶의 중심이었다.

출애굽한 이스라엘 백성들이 시내산 아래에 11개월 20일을 머무르던 기간에 인류 역사적으로 중요한 일들이 일어났다. 이때는 십계명과 율법을 전수받고 성막이 완성된 기간이었다.

광야에서 성막은 여러 번 이동했다. 백성들이 라암셋을 떠나 숙곳에서 처음 진을 친 다음 여리고 맞은편의 요단 강가 모압 평지에 진을 칠 때까지 41번 진을 쳤다(민33:5-48). 요단강을 건너 가나안에 들어왔을 때 제일 먼저 성막을 친 곳은 길갈이었다(수4:19). 이스라엘 백성들의 가나안 정복이 계속되면서 백성들은 실로로 성막을 옮겼다(수18:1). 이 당시 배경을 보면, 실로는 정복되었지만 아직 일곱 지파는 땅을 분할 받지 못한 때였다. 실로는 12지파가 가나안에서 동맹을 맺은 땅의 중심이었다. 실로에 세워진 성막은 470년 동안 이곳에서 하나님의 집으로 사용되었다.

실로에 있던 성막이 수난을 당한 것은 블레셋과의 전쟁 때문이었다. 이스라엘 군사 사천 명 가량이 블레셋 군대에 죽자 이스라엘의 장로들이 언약궤를 실로에서 가져다가 그들 중에 있게 하여 원수들의 손에서 구출을 받고자 했다. 실로에서 언약궤를 전쟁터에 가지고 오는 데 앞장 선 사람이 제사장 엘리의 아들들인 홉니와 비느하스였다(삼상4:4). 그러나 이 일은 도리어 하나님의 진노를 불러일으켰고 이 전쟁에서 삼만 명이 죽고 언약궤는 블레셋에 빼앗겼으며 홉니와 비느하스도 죽임을 당했다(삼상4:11).

그 후에 성막은 놉으로 옮겨졌다. 어떤 경위로 놉으로 옮겨졌는

지에 대해서는 성경이 기록하고 있지 않다. 단지 다윗이 놉의 성막에 제사하러 가서 거기에서 제사장 외에는 먹지 못하는 떡을 먹었다는 기록이 있다(삼상21:1-6). 이 사건은 안식일에 대한 규례를 설명하실 때에 예수께서도 인용하신 말씀이다(막2:26). 놉의 성막에서 다윗은 제사장 아히멜렉에게 칼을 달라고 부탁했고 아히멜렉은 성막에 보관하고 있던 골리앗에게서 빼앗은 칼을 다윗에게 주었다(삼상21:9). 사울은 다윗이 놉에 있다는 사실을 알고 놉을 파괴하고 다윗과 합력한 85명의 제사장을 죽였다(삼상22:18).

다윗 왕의 통치 기간 동안 성막은 기브온에 있었다(대상16:39). 다윗은 사울이 죽은 후에 성막을 기브온으로 옮겼을 것이다. 기브온에 성막이 세워질 때에 성막에 있어야 할 법궤는 예루살렘에 있었다(대상15:25-29). 기브온 성막의 특징은 법궤가 없었다는 것 외에, 나팔과 제금과 하나님을 찬송하는 악기 등 성막 음악이 시작되었다는 것이다(대상16:41-42). 이 후 솔로몬은 성전을 건축하였고 솔로몬 11년에 완성된 예루살렘 성전에는 다시 법궤를 옮겨와 지성소에 두었다.

광야교회의 성막은 가나안에서 그 기능을 계속하다가 솔로몬 시대에는 성전으로 발전했다. 성막이 어디로 옮겨지든 하나님은 거기에 계셨고, 백성들은 하나님의 집인 성막을 그들 삶의 중심으로 삼았다. 출애굽기는 성막에 충만한 하나님의 영광으로 결론이 난다. 출애굽의 목적은 제사였고, 하나님을 제사하며 만나는 성막이 출애굽기의 대단원이 된 것이다. 그 성막은 여호와의 영광이 충만한 하나님의 집이었다(출40:34). 그 찬란한 영광으로 말미암아 모세마저도 성막에 들어갈 수 없었다. 그리고 광야의 백성들은 그들이 행진하는 길에서 여호와의 영광이 성막 위에 머무는 것을 눈으로 보았다(출40:38).

솔로몬의 성전도 예외는 아니었다. 성전을 완성한 후 솔로몬이 봉헌 기도를 드리자 하늘에서 불이 내려와 번제물과 제물들을 살랐으며 여호와의 영광이 성전에 가득했다(대하7:1). 여호와의 영광이 성전에 가득하므로 제사장들도 감히 성전에 들어가지 못했다. 영광이 가득한 성막에 모세가 들어가지 못했던 것과 같았다. 그리고 온 이스라엘 백성들은 여호와의 영광이 성전 위에 있는 것을 보았다.

이스라엘의 중심, 나의 중심

오래 전에 헝가리 부다페스트의 성 스테파누스 성당에 가본 적이 있다. 성당의 강단 중앙에는 스테파누스 왕의 상이 있었다. 성당의 중심에 그리스도도 십자가도 아닌 스테파누스 왕이 자기 상을 둔 것이다. 스테파누스는 아들이 죽자 다른 사람에게 왕위를 계승하지 않으려고 사람을 많이 죽였고, 교황에게는 돈을 주고 성자 칭호를 샀다. 그는 후에 기독교가 몰락할까봐 자신의 이름으로 성당을 건립하고 자신을 성당의 중심에 둔 것이다. 사람이 교회의 중심이 되면 백성의 중심에 하나님이 계실 수 없다. 하나님이 중심되실 때에라야 백성의 삶에 그분이 중심 되신다.

광야교회에서 성막은 이스라엘 공동체의 삶의 중심이었다. 모든 백성들은 성막을 향해 살았다. 낮에는 구름이, 밤에는 불기둥이 성막 위에 머물렀으며 모든 백성들은 그것을 보며 진행했다. 성막 위의 구름과 불기둥은 백성들이 가나안으로 가는 길잡이었다. 이것을 보고 그들은 출발하고 진행하고 멈추기도 했다. 그들은 모세의 개인적인 결단이나 12지파 족장들의 결정이 아니라 하나님의 인도에 따라 발걸음을 옮겼다.

성막은 실제로 그들 삶의 중심이었다. 성막이 이동하면 그들도 이동했다. 이스라엘 백성들의 이동 중에도 성막은 항상 그들의 진영 가운데 있었다. 백성들은 그러한 성막을 어디에서나 볼 수 있었다. 성막은 광야교회 백성들의 육체적, 정신적, 실제적 중심이었던 것이다.

40년 광야생활을 마치고 요단강을 건너 가나안에 들어온 후에 이스라엘 백성들은 실로에 성막을 세웠다. 성막은 가나안에 들어온 후에도 그들 삶의 중심이었다. 오랜 시간이 지난 후에 예루살렘에는 성전이 세워졌고, 그곳도 이스라엘의 중심이 되었다. 이스라엘 백성들은 지금도 이렇게 말한다. "세계의 중심은 이스라엘이고, 이스라엘의 중심은 예루살렘이고, 예루살렘의 중심은 성전이고,

성전의 중심은 지성소이고, 지성소의 중심은 법궤이고, 법궤의 중심은 십계명이다." 이스라엘 백성들은 그들의 중심이 무엇인가를 아는 백성이다.

출애굽기에는 정작 출애굽보다는 하나님의 백성들에 대한 규례가 더 많이 나온다. 하나님은 출애굽한 백성들에게 율법을 주시며 성막을 건축하게 하신다. 출애굽한 이스라엘 백성들의 규모에 비해 성막은 턱없이 작고 초라했다. 그러나 성막은 이스라엘 백성들의 삶의 중심이었고, 하나님을 만나는 장소였고, 하나님의 영광이 머무는 자리였다. 하나님의 영광이 가득한 성막은 백성들에게 소망이었고 기쁨이었다. 그들은 성막을 바라보면서 하나님의 영광을 바라보았다. 성막을 바라보면서 가나안도 바라보았다. 영광으로 가득한 성막은 그들에게 소망을 주는 유일한 도구였다.

구원받은 성도의 중심

도자기를 만드는 도공은 회전기에 진흙 덩어리를 넣을 때에 그 중심에 넣는 것이 얼마나 중요한가를 알고 있다. 진흙 덩어리가 회전기의 중심에 놓이지 않으면 도자기는 만들어지지 않는다. 도자기 모양이 의도대로 되지 않고 아예 형태가 망가져버려 진흙 덩어리 그대로 남게 된다. 진흙 덩어리인 인간은 토기장이이신 하나님의 손에 올바로 놓여야 되는 것이다. 코스텐바움의 말대로 어떤 사람의 능력은 그의 중심됨(centeredness)에 있다.

하나님이 계시는 성막이 광야교회의 중심이라는 사실은 구원 후에 이 세상 삶의 중심이 그리스도라는 말이다. 스펄전은 "그리스도는 세계 역사상 가장 위대하고 중심 되는 인물이다. 모든 것이 그를 기대하고 그에게로 돌아간다"고 했다. 인간의 삶은 하나의 중심 즉 신적인 중심에 따라 살아가도록 설계되어 있다. 개인의 도덕적인 삶도 제한적인 개인의 선을 중심으로 삼지 않고 보편적 선이신 하나님을 중심으로 삼아야 한다. 인간은 누구나 하나님 중심으로 살아가게 될 때 참 평안과 행복을 느끼게 된다.

광야교회는 미래교회 성도들이 앞으로 살아갈 삶의 모형을 보여준다. 하나님나라를 향하여 가는 성도의 삶의 중심은 교회이다. 광야교회 40년의 삶의 중심이 성막이었던 것처럼 구원 받은 후의 성도의 삶에 있어서는 교회가 그 중심이 되어야 한다는 의미다.

3. 교회의 영광을 회복하라

요즘의 한국교회는 '침체' 혹은 '쇠퇴'하고 있다고들 한다. 2006년 5월 통계청 발표에 의하면 2005년 11월 '인구주택 총 조사' 결과 우리나라의 종교인은 24,970,000명으로 전체 인구의 53.1%였다. 이 가운데 불교가 10,726,000명으로 종교인구의 22.8%, 개신교가 8,616,000명으로 18.3%, 천주교는 5,146,000명으로 10.9%, 원불교 130,000명(0.3%), 유교 105,000명(0.2%) 순이었다. 전체 인구 가운데 여성의 56.4%, 남성의 49.7%가 종교를 가진 것으로 답해 여성이 남성보다 더 종교적이라는 점도 나타났다.

이 통계 가운데 우리가 관심을 가져야 할 부분은 1995년에 비해 천주교는 219만 명이 증가한 반면 개신교인은 144,000명이 줄었다는 점이다. 통계상의 문제를 지적할 수도 있고, 개신교가 쇠퇴한 적절한 이유가 있을 수도 있다. 그러나 일단 공신력 있는 국가 기관이 인구조사를 통해 발표한 내용이라는 점에 유의하자.

이와 같은 결과는 다른 기관의 조사보고서에도 동일하게 나타났다. 《한국교회 미래 리포트》에 의하면 무종교인들이 선호하는 종교는 천주교, 불교, 개신교의 순이다. 한국 개신교가 통계적으로도 쇠퇴하고 있고, 무종교인들에게도 외면당하고 있다면 그 근본 이유를 분명히 밝혀 도약의 발판으로 삼아야 할 것이다.

사람들이 교회에 오지 않는 이유

많은 사람들이 교회를 신뢰하지 않는다. 개신교 성직자들은 더 이상 존경의 대상이 아니다. 기도원은 비리와 폭력의 온상으로 변했다. 대형교회는 독단을 일삼고 치부하는 이익단체로 지탄을 받는다. 개신교 단체들은 가장 수구적이고 시대에 적응하지 못하는 자들로 전락했다.

기독교에 대한 사회의 오해와 불신도 깊고, 천주교나 불교에 비해 선호도도 낮다. 어느 기독교 신문의 조사에 의하면 교회에 대한 일반인들의 불만 1위는 '일요일에 너무 시끄럽다'는 응답으로 29.9%였다. 그 외에 전도를 심하게 한다, 주차문제, 교통복잡, 강요가 심하다, 가정방문 전도 등을 불만으로 들었다. 반면 주민들의 절반 정도는 고아원, 양로원 방문 등 지역 사회를 위해 일해 달라는 요청이 많았다. 실제로 사회복지에 적극적으로 참여하는 교회나 기독교 배경의 NGO가 다른 종교에 비해 훨씬 많지만 기독교에 대한 오해는 높은 편이다.

교회의 사회성 결핍은 교회의 존재 목적에 대한 교인들의 인식에서도 잘 드러나고 있다. 릭 워렌은 교인들의 89%가 '교인 가족을 돌보는 일'을 교회의 목적으로 생각하고 있으며, 11%만이 불신자를 인도하는 일이라고 본다고 밝혔다. 반면 목회자들은 90%가 교회의 존재 목적이 불신자 인도에 있다고 생각했고, 10%만이 교인들 돌보기라고 했다. 이런 차이로 인해 목사와 교인 간에는 갈등이 일어나고 교회가 사회적 책임을 수행하는 데 상당한 차질이 발생하고 있다.

교회 내부에서의 불만도 만만치 않다. 레너드 스윗은 《미래 크리스천》에서 현재 미국은 주류교단에 대한 불만으로 가득 차 있다고 한다. 주류교단들은 전자기술과 스크린으로 상징되는 새로운 세계 질서에서 주역으로서 위치를 찾지 못하고 있다. 남아 있는 보수적인 개신교들은 영적인 틀이 변하지 않은 채 썩 내키지 않는 하나의 연합체로 합병될지 모른다고 그는 경고하고 있다.

사람들이 교회를 떠나는 또 하나의 원인은 교회가 신비감을 상실했기 때문이다. 브레넌 매닝은 《그대 주님 따르려거든》(The Signature of Jesus)에서 "현대 교회의 문제는 중요한 일이 숨겨져 있다는 데 있지 않고 숨겨진 것이 별로 없다는 데 있다"고 했다. 신비감이 없다는 것은 고대사회와 포스트모던 시대의 핵심 패러다임인 '신비'를 잃었다는 점에서 심각하게 생각해야 할 문제다.

천주교와 불교는 아직도 '신비'를 간직하고 있다. 천주교는 평신도가 알지 못하는 성직자들의 신비로운 삶이 보존되고 있고 성직자들의 사생활은 철저하게 가려져 있다. 새 교황을 선출할 때도 추기경들의 비밀회의인 '콘클라베'(Conclave)를 통해 며칠 동안 전 세계의 이목을 집중시킨 적이 있다. 교황이 선출되지 않을 경우에는 검은 연기를 내고, 선출될 시에는 흰 연기를 내어 알린다. 이런 모든 과정이 신비한 호기심을 불러일으킨다. 불교도 마찬가지로 신비를 간직하고 있어 포스트모던 시대의 사람들에게는 종교적 호감을 줄 수 있다. 이런 의미에서 개신교는 상실된 신비를 다시 회복하는 일에 성직자와 평신도가 함께 힘을 모아야 할 것이다.

포스트모던 시대에 교회를 떠나게 하는 또 다른 요인은 도시화 현상이다. 생활수준의 향상과 놀이 문화의 발전으로 교회 대신 갈 곳이 많아지고, 예배 대신 할 것이 많아졌다. 주5일 근무제의 도입과 레저 산업의 발달은 이런 현상을 가속화할 것이다. 이런 현상에 대해 교회는 보다 공격적인 자세로 대처하여 적극적으로 활용할 수 있는 방안을 강구해야 한다.

이렇듯 교회에 대한 불만이 많은 것은 역설적으로 교회에 기대하는 것이 많았다는 뜻이다. 기대하지 않으면 실망도 없다. 우리는 세상이 원하는 기대에 따라 살 필요는 없지만 세상의 기대를 저버려서는 안 된다. 다원화되고 세속화되는 물질문명 속에서 점점 보이지 않는 것에 잇대어 살아가는 사람들이 희귀해질 것이다. 그러나 그런 사람들을 통해 하나님을 보는 사람들도 있다. 그들이 전하는 한마디의 복음이 저들에게는 생명수가 된다.

교회, 하나님의 영광

우리가 그 이유를 다 알 수는 없지만, 하나님은 당신의 영광을 교회를 통해 나타내고자 하셨다. 교회는 하나님의 영광이다. 하나님은 교회를 사랑하신다. 왜냐하면 교회는 하나님의 집이며 그 머리가 그리스도이기 때문이다. 교회는 영광으로 가득 차야 한다. 하나님은 하나님의 전인 성막과 성전을 영광으로 가득 차게 하셨다. 교회가 하나님의 영광으로 가득 찰 때에 교회는 하나님께 기쁨이 되고 사람에게 소망이 된다. 솔로몬이 성전을 봉헌하고 봉헌 기도를 마치자 하늘에서 불이 내려왔다. 성전에는 하나님의 영광이 가득했다. 제사장들도 눈이 부셔 감히 성전에 들어가지 못했다.

성막은 300만이 넘는 광야의 백성들을 생각할 때 턱없이 작고 보잘것없는 집이었다. 그러나 하나님은 당신께서 명령하신 양식으로 건축한 그 집에 만족하셨고 영광으로 임하시며 기쁨을 보이셨다. 하나님의 영광이 가득한 성막은 백성들에게 소망이었고 기쁨이었다. 그들의 40년 행로를 견딜 수 있었던 것은 성막 때문이었다. 성막을 보면서 하나님의 영광을 바라보았고 동시에 가나안도 내다보았다. 영광으로 가득한 성막은 그들에게 소망을 주는 유일한 도구였다.

모세가 회막에 들어갈 수 없던 이유도 "이는 구름이 회막 위에 덮이고 여호와의 영광이 성막에 충만"하였기 때문이었다(출40:35). 모든 백성들은 동서남북 사방에서 성막 위의 영광을 보았다. 솔로몬이 성전봉헌 기도를 마쳤을 때 "여호와의 영광이 여호와의 전에 가득하므로 제사장들이 여호와의 전으로 능히 들어가지 못하였"다(대하7:2). 성막과 성전은 영광 가득한 하나님의 집이었다. 모세와 제사장들이 들어갈 수 없을 만큼 그 영광이 찬란했다.

교회를 통해 영광을 회복하심

하나님은 교회를 통해 하나님의 영광을 회복하기를 원하신다. 교회가 교회다운 영광을 회복하면 하나님은 영광을 받으신다. 하나님이 지으신 온 땅에 하나님의 영광이 가득하고(시72:19), 하나님이 만드신 하늘이 하나님의 영광을 선포한다(시19:1). 하나님이 만드신 피조물의 영광, 인간의 영광, 교회의 영광이 다 하나님의 것이다(대상29:11).

교회의 오랜 전통은 주일 예배 시에 "아버지께 영광"(Gloria patri)을 불렀다. 전통적인 예배에는 모든 예배에 "아버지께 영광"이란 영광송을 부르도록 했다. "성부 성자 성령, 찬송과 영광 돌리세, 태초로 지금까지 또 영원무궁토록, 성삼위께 영광 영광." 이 찬송은 2

세기경부터 사용된 듯하다. 메츠거 교수는 하나님의 나라에서도 "나라와 권세와 영광이 아버지께 영원히 있습니다"라는 이 기도는 드려져야 한다고 했다.

예수님이 오신 목적도 그러했다. "말씀이 육신이 되어 우리 가운데 거하시매 우리가 그의 영광을 보니 아버지의 독생자의 영광이요 은혜와 진리가 충만하더라"(요1:14). 초라한 마구간도 주님의 영광으로 가득했다. 아기 예수님께도 영광이 가득했다. 교회가 영광을 회복해야 하는 것은 그리스도의 영광 때문이다.

교회의 영광 회복이란 교회의 존재 가치를 회복하고, 본질을 회복하는 것이다. 사회적 기구로서 사회를 향해 문이 열려 있어 누구나 들어올 수 있어야 하고, 들어온 사람이 그리스도의 사람으로 변화되어야 한다. 교회가 영광을 회복하게 되면 사회인이 교회인이 되는 기쁨을 맛볼 수 있다.

마태복음 5장 16절을 어떤 이는 '마태복음의 5.16혁명'이라고 했다. "이같이 너희 빛이 사람 앞에 비치게 하여 그들로 너희 착한 행실을 보고 하늘에 계신 너희 아버지께 영광을 돌리게 하라." 혁명적인 예수님의 말씀이다. 한국의 모든 교회들이 하나 되어서 영광의 길을 행하는 것이 이 땅에 하나님의 교회가 세워진 목적이다. 교회가 영광을 회복하면 하나님께서 영광을 받으실 것이다.

밀러(Miller)는 성경을 수평적으로 이해하여 다섯 개의 C로 설명했다. 창조(Creation), 언약(Covenant), 그리스도(Christ), 교회(Church),

완성(Consummation)이 성경의 내용이라고 한다. 하나님은 이 모든 일에서 스스로 영광을 받으신다. 하나님은 모든 것을 영광 때문에 창조하시고 지금도 보존하신다.

로버트 몰간은 《홍해의 법칙》에서 "당신이 다음에 어려운 상황에 처하거든 '어떻게 여기서 빠져나갈까' 질문하지 말고 '이 상황에서 어떻게 하나님께 영광을 돌릴까'를 질문하라"고 한다. 우리가 처한 상황이 교회를 통해 영광으로 드러날 수 있다. 세상에 어떤 일도 하나님께 영광이 되지 않는 것은 아무 것도 없다.

이스라엘의 위기 : 법궤의 상실

이스라엘의 성막은 실로에 왔을 때 위기를 맞게 되었다. 홉니와 비느하스가 블레셋과의 전쟁에서 법궤를 앞세워 싸우다가 불레셋에 법궤를 빼앗긴 것이다. 이 때 이스라엘 병사 3만명이 죽었고 홉니와 비느하스도 전쟁에서 죽임을 당했다(삼상4:10,11). 법궤를 빼앗긴 것은 하나님의 백성들에게 엄청난 수치였다.

실로의 성막은 법궤가 빼앗긴 다음 쇠퇴하기 시작했다. 그 후에 다윗은 기브온에 성막을 세웠고(대상16:39) 블레셋에 빼앗겼던 법궤는 다시 이스라엘로 돌아왔지만(삼상6장) 성막에는 두지 않았다. 그렇게 법궤가 없는 성막은 하나님의 영광을 드러내지 못했고, 성막은 힘을 잃어버리고 말았다. 전쟁에서 법궤가 블레셋의 손에

넘겨진 후 솔로몬 11년에 성전이 완성되어 법궤가 돌아올 때까지 성막은 법궤가 없는 온전하지 못한 하나님의 집이 되고 만 것이다. 성전에 법궤가 없었던 기간은 블레셋에서 7개월, 사무엘 시대 20년, 사울왕 시대 40년, 다윗왕 시대 40년 그리고 솔로몬 시대 11년으로 총 112년이었다.

법궤는 하나님의 말씀의 상징이며 은총의 상징이자 권위의 상징이다. 법궤 없는 성막은 내용 없이 형식만 가진 외형에 불과했다. 법궤를 다시 성막에 들여놓았을 때 비로소 온전한 성막으로 회복되었다.

교회도 마찬가지이다. 하나님의 말씀이 살아 있어야 하며 하나님의 은총이 내재하고 하나님의 권위가 바르게 서 있어야 참 교회라고 할 수 있다. 교회는 그 외형으로 가치를 가늠하는 것이 아니라 내면으로 판단 받는다. 교회가 내면을 충실히 하고 하나님의 말씀을 온전히 붙들 때 교회는 본래의 찬란한 영광을 회복하게 될 것이다.

바람 같은 성령과 불 같은 성령

교회의 영광이 회복되려면 기도와 불의 임재가 있어야 한다. 성경에 의하면 불의 임재는 기도의 결과이다. 기도는 불을 부른다. 솔로몬의 기도는 하늘에서 불이 내려오게 하는 방편이었다. 솔로몬이 기도를 끝내자 하늘에서 내려온 불로 온 성전은 가득했다.

교회가 기도하면 불이 내린다. 신약적 개념으로 불은 성령이다. 오순절의 성령도 기도하는 성도들에게 강림하셨다. 120명의 제자들이 모여 함께 기도하였을 때에 성령이 강림했다. 예나 지금이나 기도는 불의 조건이며 불은 기도의 결과이다.

오순절 성령강림은 하나님 임재의 새로운 모습이었다. 먼저, 바람 같은 성령은 온 방안에 가득했다. 그리고 불의 혀 같이 갈라지는 성령이 각 사람에게 임했다. 바람 같은 성령은 성령의 보편적 은사이다. 성령은 이미 우리 가운데 와 계시고 가득하시다. 그러나 이 성령의 '임재' 만으로는 부족하다. 불의 혀 같이 갈라지는 성령의 개별적 은사가 각 사람에게 임해야 한다.

바람 같은 성령과 불같은 성령 모두가 필요하다. 그리고 이 둘이 합해지면 훨씬 무서운 힘이 난다. 바람은 불을 거세게 일으키고 힘있게 태운다. 불이 바람을 만나면 무서운 힘을 가지는 것이다. 그러므로 바람만 가지고는 안 되고 불만으로도 부족하다. 바람과 불이 만나면 놀라운 역사가 나타나는 것이다.

그리고 교회의 제단에는 불이 꺼지지 말아야 한다. 제사장은 아침마다 나무를 단 위에 태우고 번제물을 드리고 화목제의 기름을 사르고 불을 꺼지지 않게 해야 했다(레6:12-13). 목회자는 새벽 제단의 불이 꺼지지 않게 해야 한다. 그래야 한국교회가 살고 세상에 하나님의 영광을 회복하는 데 쓰임받게 될 것이다.

기도의 회복

오래 전 대만을 방문했을 때에 대만의 어느 기독교 지도자가 일본과 대만과 한국 교회를 비교하면서, 일본교회는 성경을 공부하는 교회(Bible study church), 대만 교회는 찬양하는 교회(Singing church) 그리고 한국교회는 기도하는 교회(Praying church)라고 했다. 일본교회는 교인 수는 적지만 성경학자들을 많이 배출했다. 대만교회의 예배는 찬양이 많다. 그러나 한국교회는 기도를 많이 했다. 그처럼 한국교회는 기도하는 교회로 알려져 있다. 기도의 힘이 쇠퇴하면 교회도 쇠퇴한다. 한국교회가 다시 영광을 회복하려면 기도가 회복되어야 한다.

한국교회가 성장하는 시기에는 기도가 활발했다. 그러나 최근에는 기도하기 힘든 사회적인 여건들이 점차 늘어가고 있다. 이전만큼 기도가 활발하지 못하며 기도 시간이 줄어든 것은 교회의 침체 혹은 쇠퇴와 직접적 관계가 있을 것이다.

그러나 최근 한국교회에 기도의 불꽃이 다시 살아나는 것은 상당히 고무적이다. '40일 특별새벽기도회'가 유행이다. 거의 모든 교회들은 이 기도회에 많은 성도들이 참석하고 나름대로 성공적이라는 평가를 내리고 있다. 내가 섬기는 교회에서도 교인의 97%가 원거리에서 와야 하는 도심 교회임에도 불구하고 40일 내내 교회당이 꽉 찼다. 이런 한국교회의 새벽기도 현상은 예사롭지 않은 하나님의 시대적 섭리로 보인다. 한국교회가 기도를 회복하면 교회의 영광을 회복할 것이다.

성령체험의 또 다른 조건

성령강림의 조건은 기도만이 아니다. 말씀을 듣고 묵상할 때에도 성령을 체험할 수 있다. 사도행전에는 각기 다른 성령강림의 사건들이 나온다. 사도행전 2장의 오순절의 성령강림은 기도하는 가운데 이루어졌지만 사도행전 11장의 성령강림은 말씀을 듣는 가운데 이루어졌다. 고넬료가 베드로를 청하여 자기 집에서 많은 사람들이 함께 말씀을 듣고 있을 때에 성령이 강림했다. 그래서 학자들은 이 장면을 '가이사랴의 오순절' 이라 부른다.

아론의 아들들인 나답과 아비후는 여호와께서 명령하지 않은 다른 불을 담아 여호와 앞에 분향하다가 불이 여호와 앞에서 나와 그들을 삼켜 여호와 앞에서 죽었다(레10:1,2). 엘리야가 450명의 바알 선지자, 400명의 아세라 선지자와 갈멜산에서 전투를 벌일 때에도 제단에 모든 준비를 하지만 불은 붙이지 말라고 한다(왕상18:23). 불은 하나님이 하늘에서 주실 것이기 때문이다. 엘리야가 쌓은 제단에 여호와의 불이 내려와 번제물과 모든 것을 태웠다(왕상18:38).

우리가 사는 시대는 영의 시대이다. 최첨단과학과 물질주의로 설명되면서도 다른 면으로는 이 모든 것을 뛰어넘는 신비를 추구한다. 그래서 현대를 영성의 시대라고 한다. 영성은 중요한 화두이며 많이 강조되고 있다.

그러나 이러한 시대에는 거짓 영도 함께 활개를 치게 마련이다. 기독교 외의 다른 종교도 나름대로 영성을 갖고 있다. 모든 이데올로기에도 어떤 영성이 있다. 이러한 때 기독교가 건강한 영성을 세상에 제공하지 않으면 세상은 그릇된 영성에 빠지게 된다. 현대와 같은 과학시대에 점쟁이와 무당이 더 많아지고, 인터넷 운세의 주고객은 20대 젊은이들이라는 사실이 이를 증명한다. 미래학자들이 미래사회는 이단과 사이비가 많아질 것이라고 예측하는 것이 이 때문이다.

하나님께서는 말세에 모든 육체에 하나님의 영으로 부어주신다고 하셨다(행2:17). 불은 하나님이 주신다. 이 시대를 사는 크리스천은 하나님의 불과 다른 불을 분별하는 지혜가 있어야 한다. 참 영성과 그릇된 영성을 분별하는 영적 분별력이 있어야 한다.

은혜와 영광은 함께 간다

성화에 있는 '후광'은 2세기부터 나타나고 3세기에 와서는 그리스도에게, 5세기에는 성모 마리아와 사도들에게, 6세기에는 천사와 성인들에게, 8-9세기에는 생존하는 고승들과 특히 제왕들의 초상에 사용했다. 이런 인간의 오만이 극에 달했을 때 종교개혁을 만난 것이다. 개혁자들은 "오직 하나님의 영광"(soli deo gloria)을 개혁의 모토로 삼았다. 사람이 가로챘던 그 영광을 오직 하나님께 돌려야 하고, 사람들의 실패로 상실했던 교회의 영광을 다시 회복해야 한다. 하나님께만 영광이 영원히 있을 것이다(롬11:36).

'영광'이라는 말의 헬라어 '독사'(doxa)에는 '인정하다'라는 의미가 있다. 하나님께 영광을 돌린다는 말은 문자적으로 하나님의 존재를 인정하며 우리의 삶을 통해서도 하나님을 인정한다는 의미이다. 교회가 하나님을 하나님으로 인정하여 그분의 이름을 높이는 것이 영광을 돌리는 것이다. 하나님께 범사를 내어맡기고 순종하는 것이 영광을 돌리는 것이다.

성경에는 영광이라는 단어가 411번 기록되어 있다. 그 외에도 성경에는 영광을 상징하는 말씀들로 가득하다. 예수님이 세상에 탄생하신 것 자체가 영광이었다. 수많은 천군이 천사와 함께 "지극히 높은 곳에서는 하나님께 영광이요 땅에서는 하나님이 기뻐하신 사람들 중에 평화로다"(눅2:14)라고 찬양했다. 예수님께서 예루살렘에 입성하신 것도 영광이다. 예루살렘의 군중들은 "찬송하리로다 주의 이름으로 오시는 왕이여 하늘에는 평화요 가장 높은 곳에는 영광이로다"(눅19:38)라고 찬송했다. 그리고 이 세상의 마지막을 요한이 정리한 요한계시록에만 영광이란 단어가 17번 나온다. 성경은 영광의 책이다.

토머스 브룩스는 "은혜와 영광은 별로 차이가 없다. 은혜가 씨앗이라면 영광은 꽃이고, 은혜가 전쟁 중에 있는 영광이라면 영광은 승리를 누리고 있는 은혜이다"라고 했다. 하나님의 백성이 은혜를 받아야 하나님은 영광을 받으신다. 교회가 은혜가 넘쳐야 하나님은 영광으로 넘치신다.

4. 미래사회의 중심은 교회

미국 루이빌 연구소가 1994년 "베이붐 세대와 미국 종교 형태의 변화"라는 주제로 개최한 학술대회에서 발표한 내용에 의하면 베이붐 세대를 사로잡는 가장 효과적인 방법은 심금을 울리는 감동적인 음악이었다. 두 번째는 설교와 목회자였고, 세 번째는 예배에서의 하나님 경험이었다. 교단에 대한 관심은 전혀 없었다. 이제는 교단을 보고 교회를 선택하는 것이 아니라 목회자, 설교, 음악, 예배의 감동 등이 교회 선택의 요인이다. 교단의 전통을 고수하고 변화하지 않는 교회에 대한 경고라고 할 수 있다.

교회 선택기준의 변화

이런 교단 기피 현상은 미국 교회를 넘어 한국 교회에서도 이미 시작되었다. 교단이 지교회에 유익을 주지 않으면서 성장하는 데

갖가지 제동을 걸게 되면 교단 무용론으로 확대될 가능성이 다분히 있다. 이런 현상은 독립교회의 증가와 또 다른 회중교회 형태의 교회로 나타나게 될 것이다.

포스트모던 시대와 모던 시대는 상품의 선택기준이 전혀 다르다. 예를 들어 모던 시대는 '국적'과 '상표'를 기준으로 상품을 구매했다. 애국심과 브랜드가 선택의 큰 기준이었다. 특히 한국인들에게 '국산'이란 중요한 기준이었다. 상표는 곧 상품의 질로 통했다. 그러나 포스트모던 시대는 그렇지 않다. 정보사회인 포스트모던 시대의 상품 구매의 기준은 '품질'과 '가격'이다. 국적에 관계없이 품질이 우수한 상품을 선택한다. 상표에 관계없이 가격이 상품 구매를 좌우한다. 즉 품질이 좋고 가격이 싸면 국적과 상표에 관계없이 구매하게 된다.

이런 의식 변화는 교회 선택에도 작용한다. 이전에는 교파와 교단이 교회 선택의 절대 기준이었다. 얼마 전까지만 해도 이사를 가면 그 지역에서 같은 교단에 속한 교회를 다시 선택했다. 그러나 이제는 교회가 가진 영성과 편의성으로 교회를 선택하는 경향이 뚜렷하다. 이제는 더 이상 교단이 선택 기준은 아니다. 이런 현상은 '한국교회 미래를 준비하는 모임'(한미준)과 한국 갤럽이 공동 연구한 《한국교회 미래 리포트》에도 명확하게 나타나고 있다.

자동차 보유율이 높아짐에 따라 교회마다 원거리 출석 성도들이 많아지고 있다. 교회 교적과 출석은 별개로 하고 편리한대로 아무데서나 예배를 드리는 교인들도 늘어난다. 도시형 생활 패턴으로 주일 낮 예배 외의 예배나 모임에는 참석하기 어려워졌다. 쇠렌 키에르케고르는 이미 오래 전부터 사람들이 교회를 극장의 일종으로 여긴다고 말했다. 그들은 예배의 방관자로 전락하게 될 것이다.

주거환경이 이전과는 다르다고 하지만 여전히 예배하는 곳은 구별되어야 한다. 사회생활이 이전과는 달라졌지만 교회에 와서 예배해야 한다. 하나님께서도 출애굽 후에 정해진 하나님의 산에서 제사하게 하셨다. 하나님은 "홍해를 건너자마자 아무데서나 빨리 제사를 드리라"고 하지 않으셨다. 이스라엘 백성들이 홍해를 건넌 후 사흘 동안 걸어가서 하나님의 산 호렙에 이르러서야 비로소 제사하게 하신 것이다. 제사는 아무데서나 하는 것이 아니라 그 장소가 지정되었고 성별되었다는 사실을 주목해야 한다.

교회를 온전케 하는 일에 우리를 부르신다

교회의 존재 가치나 존재 이유 그리고 사회에 대한 교회의 책임은 명확하지만 그럼에도 불구하고 지상에 있는 교회는 불완전하다. 교회는 하나님의 집이라는 초월성과 사람들의 모임이라는 현실성을 동시에 가지고 있다. 이런 교회의 이중성으로 인해 교회는 유진 피터슨이 말한 대로, 신비와 혼란이라는 두 부분으로 구성되어 있다. 교회는 적나라한 인간성과 세상의 형식을 가지고 있으면서도 세상과는 현격하게 다르며 세상과 전혀 모순되는 모습으로 세상에 존재한다.

존 스토트는 이런 모습을 '교회의 이중성'이라고 표현한다. 교회는 이미 거룩하며, 아직 거룩하지 않다. 교회는 거룩해졌으며 거룩해지라고 부르심을 받는다. 교회는 성화되었으나 여전히 죄성을 가지고 있으며 거룩하라고 부르심을 받는다. 교회는 풍족하게 되었으나 여전히 불완전하며 그리스도께서 다시 오실 것을 기다린다. 교회는 하나이나 여전히 불필요하게 분열되어 있으며 인물 숭배를 포기하라고 부르심을 받는다. 이렇게 우리는 '이미'와 '아직' 사이의 고통스러운 긴장 속에서 살고 있다고 했다.

이런 교회의 이중성으로 인해 사람들은 교회를 비난하고 교회에 대해 실망하며 떠나기도 한다. 그러나 이런 자괴감으로 인해 교회를 떠나는 것은 어리석은 일이다. 이 세상 어디에도 완벽한 교회는 없으며, 만일 그런 교회가 있다면 나는 그 교회의 구성원이 될 수 없다. 왜냐하면 내가 완벽하지 않기 때문이다. 한 가지 분명한 사실은 당신이 교회의 불완전함을 느꼈다면 교회를 완벽하게 하는 일에 당신을 부르셨다는 사실이다.

교회는 분명 일정한 형식이 있는 조직이지만 본질적으로 그것을 넘어서는 유기체이다. 조직은 사람들의 목적에 의해 조합과 해체가 가능하지만 유기체는 사람이 임의로 그렇게 할 수 없다. 유기체는 생명체이기 때문이다. 그래서 교회와 가정은 유기체라고 한다.

교회는 생명을 살리는 공급체가 되어야 한다. 교회가 영성적 기관일 때에 생명체가 될 수 있다.

한국 교회여, 일어나라

다이아몬드는 네 가지의 특징적인 요소에 의해 품질이 결정된다. 이를 4C라고 하는데 '투명도'(Clarity), '색상'(Color), '중량'(Carat weight), '연마'(Cut)가 그것이다.

'투명도'는 내포물과 표면특징으로 구분되며 내포물의 크기, 숫자, 위치, 성질 및 색깔이나 선명도에 의해 11등급으로 결정된다. '색상'은 무색에 가까울수록 더 귀하고 가치 있다. 완전한 무색인 다이아몬드는 극히 드물다고 한다. '중량'은 다이아몬드의 무게 즉 크기로 가치를 정하며 1캐럿은 0.2그램이다. '연마'는 다이아몬드의 자연적 가치를 사람의 손으로 더 빛나게 하는 기술이다. 다이아몬드는 모두 58면으로 연마되는데 이들 면사이의 크기와 각의 관계 그리고 모양과 위치를 평가한다. 연마가 잘된 다이아몬드는 더 찬란한 빛을 발한다. 다이아몬드의 연마는 다이아몬드의 불꽃과 광채의 발산에 커다란 영향을 미친다. 다른 세 가지는 자연적인 것이지만 연마는 사람에 의해 직접 영향을 받는다.

현재 한국교회는 위기를 맞이하고 있다. 어느 자료에 의하면 한국교회가 쇠퇴한 원인을 '교회의 이미지 실추'라고 보았다. 성직자의 부도덕성, 교회 세습, 교회의 재산 불리기, 사회의 어려움에 대한 교회의 무관심 등이 직접적 원인이 되었다고 한다. 교회도 그 영광을 회복하고 세상의 빛이 되기 위해서는 '투명도'가 높아야 한다. 교회 사업이나 프로그램, 교회 인사, 특히 재정적으로 교회는 투명해야 한다. 교회는 '색상'이 깨끗해야 한다. 그 색이 맑아야 하고 세상의 색이 혼합되지 말아야 한다. 투명성이 있는 교회가 색상도 맑을 것이다. 교회는 '중량'이 있어야 한다. 교회가 권위적이어서는 안 되지만 진정한 권위가 살아 무게감이 있어야 한다. 그리고 교회는 잘 '연마'되어야 한다. 교회는 훈련이다(Church is discipline)고 칼빈은 말했다. 훈련되지 않은 교회는 더 이상 교회가 아니다. 성도가 끊임없는 연마를 거듭할 때 교회는 투명해지고, 맑아지며, 중량감을 느낄 수 있다.

캐나다의 종교사회학자인 레지널드 비비는 "사람들은 교회를 떠나는 것이 아니라 교회에 출석하지 않고 있을 뿐이다"고 했다. 로널드 롤하이저는《영성을 찾아서》(Seeking Spirituality)에서 "현대인은 교회에 관해서는 휴가중이다. 하나님나라는 원하지만 교회는 원치 않는다"라고 했다. 현대인들이 교회를 떠나는 이유는 그리스도나 복음 때문이 아니라 교회가 그들의 필요를 충족시켜 주지 못하고 있다는 증거이다. 윌리엄 헨드릭스는 '이탈자 인터뷰'에서도 같은 의미를 전달했다. 상처 받고 환멸을 느껴 교회를 떠났다 해도 대부분의 사람들은 여전히 그리스도인으로 남아 영적 성장을 계속하고 싶어 한다는 것이다.

　이런 말들은 포스트모던 시대의 교회 지도자들에게 경종을 준다. 사람들이 교회를 떠나는 이유가 복음이 아니고 교회라면 교회가 새롭게 되고, 떠난 사람들이 다시 돌아오게 하기 위해 교회가 무엇을 할 것인가를 심각하게 고민해야 한다. 성막이 광야교회의 중심이었던 것처럼 교회가 미래교회의 중심이어야 한다. 이런 포스트모던 시대를 위해 교회는 사회의 중심으로서 핵심 가치를 회복해야 한다. 사막의 수도사 카를로 카레토는 말한다. "오 나의 교회여, 나는 그대를 비판할 말이 너무 많다오. 그러나 나는 그대를 사랑한다오."